生きるためのフェミニズム

パンとバラと反資本主義

堅田香緒里

はじめに

２０２０年11月16日早朝、一人の女性が撲殺された。渋谷区幡ヶ谷のバス停で寝泊まりしていた60代の女性は、その日もいつも通り、ギリギリ腰を掛けられるかどうかという幅の狭い、冷たいベンチに腰掛け、夜が明けるのを待っていた。そのとき突然、石を詰めたビニール袋が彼女の頭部に振り下ろされた。のちに「まさか死ぬとは思わなかった」と供述した男は、犯行動機について、「痛い目に遭わせれば、（そこから彼女が）いなくなるだろうと考えた」と語っている。バス停近隣に暮らし、地域の美化ボランティアに参加していた男の目的は、彼女にそこから「いなくなってもらうこと」だったのだ。

この事件が象徴しているのは、クリーンで安心・安全な街のために「異物」を取り除こうとするこの社会の欲望である。誰かにとっての安心・安全が、別の誰かが「ゴミ」のように排除されてしまうこと、ひいては殴り殺されてしまうことと表裏一体であるような、ねじれた欲望が、そこにはある。そしてそれは、地域のゴミ掃除をしていた男に特有のものではなく、この社会を生きる私たち一人一人にもひそんでいる。トランスジェンダーを排除しようとする近年の動きにもまた、誰かの安心・安全が、別の誰かの排除と表裏一体であるようなねじれた欲望が見て取れよう。「女性」の安心・安全のためという名目でトランス排除を正当化するような論理は、結局、トランスジェンダーを「異物」とみなす眼差しを強化するだけで、そうした眼差しや差別を生み出す社会そのものを変容させていく可能性を封殺してしまう。同様の欲望は、近年、世界中の都市空間で進展している「再開発」の過程にも見て取れる。そこでは、「再開発」の名の下に土地が私有化され、もともとその土地に暮らしていた野宿者らが排除される一方で、新興住民の安心・安全が保障される。このような、いわゆるジェントリフィケーションの過程は、野宿者への差別と暴力を助長するばかりで、そうした差別を生み出す社会のあり様を問い直す契機を奪っていく。

地域の美化活動に取り組む男に殺された彼女は——ほとんどの野宿者と同様——ずっと路上で生きてきたわけではない。一連の報道によれば、もともと登録型の派遣労働者としてスーパーの試食販売の仕事をしていたそうだ。ところが、コロナ禍において仕事と収入を失い、そしてそれに伴い住まいを失った。そうして辿り着いた仮の寝床がバス停のベンチだったのだ。「ホームレス」と聞くと、「われわれ」とは異なる「特別な」人たちであると思われる向きもあるかもしれない。けれども、派遣労働者として働くということ、そしてコロナ禍において仕事や収入を失うということは、この社会を生きる私たちの多く——とりわけ女性——にとって、もはや「特別な」ことではない。とするならば、その延長で住まいを失うことも、そして路上で殴り殺されることもまた、それほど「特別な」ことではないのかもしれない。だからこそ、多くの女性が、彼女の死を前に「彼女は私だ」と感じ、悲しみと共に怒りを覚えたのだろう。※1

女だからといって、派遣労働者だからといって、仕事や収入を失ったからといって、野宿者だからといって、トランスジェンダーだからといって、殺されてたまるか。誰かの「安全」のために、別の誰かの命や尊厳が犠牲にされるような社会はもうごめんだ。——この本は、こうした思いに共鳴して書かれたものである。

私たちの社会には、ジェンダーや階級、人種や民族、セクシュアリティや障害などをめぐる複数の抑圧があり、これらが複雑に交差する中で、様々な差別や暴力が経験されている。同時に、差別や暴力の「犠牲者」は、ただ黙っているわけではなく、ユニークな抵抗のあり方を示してくれてもいる。また私たちは、差別や暴力の犠牲者となることがあるのと同時に、差別や暴力を行使する主体となることもある。差別や暴力からまったく自由な世界などないのかもしれない。それでもなお、そうした世界を夢見て、様々に展開されてきたユニークな抵抗に学びながら、自身に内在する差別意識と「特権」に向き合うこと、そして差別や暴力を生み出す社会のあり様を問い直すことから始めてみたい。

※1　2020年12月6日に実施された、彼女を追悼する集会とデモにはコロナ禍にもかかわらず170人もの人が参加した。デモの様子は、飯島裕子『「殺害されたホームレス女性は私だ」追悼デモに170人集う』(https://news.yahoo.co.jp/byline/iijimayuko/20201207-00211302/　2020年12月7日)を参照。

目次

生きるためのフェミニズム

パンとバラと反資本主義

I

パンとバラのフェミニズム

私たちはみな、資本主義という恒常的な災害の被災者である

パンとバラのストライキ

ローレンスの移民女性労働者たちのストライキ

「パンをよこせ、バラもよこせ！（We want bread and roses, too!）」——20世紀初頭、工業化の進むアメリカ北東部に位置するマサチューセッツ州ローレンスで、移民労働者たちが大規模なストライキを打った。ローレンスは繊維産業が盛んな地域だったが、当時は機械化の影響もあり、多くの織物工場では熟練労働者に代わって、低賃金で雇える非熟練労働者、とりわけ女性や子どもを含む移民労働者が多く雇用されるようになっていた。労働環境は非常に過酷で、早死にする労働者も少なくなかったという。そうした状況の中、

1912年1月、工場労働者の労働時間を短縮する州法が施行されると、工場主たちは機械のスピードを上げることで労働時間短縮による「損失」を埋め合わせようとする。労働者たちは、ますます過酷な労働を強いられるということだ。これが引き金となり、ただでさえ厳しい労働条件で働かされてきた移民女性労働者たちが中心となって、抗議のストライキに打って出たのである。ストライキはローレンス中の工場に広がっていき、最終的には2万人以上が参加したと言われている。

このローレンスの移民労働者による大規模ストライキは、「パンとバラのストライキ」とも呼ばれている。なぜそのように呼ばれるようになったのかについては諸説あるようだが、ストライキに参加していた女性が掲げていたプラカードのメッセージ「パンをよこせ、バラもよこせ！」に由来すると言われることが多い。ここでパンは、生きていくために必要な「生活の糧」を指し、バラは「尊厳」を指している。言葉も通じない中、過酷な労働条件で働かされていた移民労働者たちにとっては、単に「食っていける」ことだけではなく、「尊厳」を損なわずに働き、生きることもまた、重要な要求だったのだ。このストライキの模様は、常に労働者や移民の暮らしに光を当てて作品作りをしてきた画家、ラルフ・ファサネッラ（Ralph Fasanella）によっても描かれている。※1 そこには、ストライカーたちを取り締まるために整列している警官や民兵が退屈な単色で描かれている。対照的に、抗議のために広場に出てきた労働者たちは、今にも歌い、踊り出しそうなほど活き活きとカラフルに描かれており、様々な出自をもつ移民労働者たちの交差が美しく表現されている。実際、このストライキの空間には、いつも歌や踊りがあったと言われている。共通言語をもたない移民女性たちは、歌いながらその団結を確認しあっていたのだろう。

ローレンスのストライキは、20世紀初頭、工業化により社会が大きく変わろうとしているときに起きた出来事である。ひるがえって私たちは今日、ネオリベラリズムによって大きく変わりつつある社会を生きている。そこで第I部では、ローレンスのストライキが示した「パンとバラ」の考え方を導きに、第一に、ネオリベラルな資本主義が私たちの生=労働のあり様をどのように変えようとしているのか、そして第二に、そうしたあり様を拒否し、抵抗する思想=運動の可能性を探り、最後に、今次のパンデミックによる影響等を考えてみたい。

※1　Ralph Fasanella "Lawrence 1912: The Bread and Roses Strike".

「活」という名の妖怪

パンを食わせずバラ（のようなもの）を差し出すネオリベラリズム

一匹の妖怪が徘徊している。「活」という名の妖怪が。

巷には「活」が氾濫している。就活に婚活、妊活に保活。離活も流行した。最近では終活がブームだろうか。自分の死が近づいてきたと感じたとき、自らの葬式から墓の準備、相続関係の手続きまでを、すべて自分で行い、残された人に迷惑をかけず綺麗さっぱり死んでいくための準備をすることを終活というのだそうだ。かつてイギリス福祉国家は、人が生まれてから死ぬまでの生活を包括的な社会保障を通じて保障しようと、「ゆりかごから墓場まで」という、かの有名なスローガンを生み出した。転じて現代日本では、「妊活から終活まで」。もはや人は、その生まれ落ちる（産み落とす）以前から、死を迎えるそのときまで、自ら「活動」し続けることを求められているようだ。さらには、朝活に寝活と来る。出勤前の朝の時間を、ジムでのトレーニングや英会話の勉強などの「自己投資」のために「活用」しよう、寝室にスチーマーを設置したり、就寝前にサプリメントを摂取するなどして、睡眠時間も美容や健康のために「活用」しよう。こうなると、ある一日だけを切り取ってみても、朝起きたその瞬間から寝る瞬間まで、もとい、寝ている間の時間まで（！）をも「活用」することを促されているということになる。

このように、「活」という名の妖怪が徘徊し、いまや「ゆりかごから墓場まで」われわれの生と日常を飲み込もうとしている。誰もかれもが、死んだり眠ったりするその瞬間に至るまで、その「能力」を「活用」し、活動的であることを期待される。ああ、「一億総活躍」だ。

女の「活躍」か、女の「活用」か

さて、この妖怪が最も頻繁に徘徊しているのが、女の生＝労働をめぐる領野であろう。

政府は、ここ数年、これまで以上に女性の「活躍」をアピールするようになり、2015年には女性活躍推進法（正式名称：女性の職業生活における活躍の推進に関する法律）なる法律まで作ってしまった。なんとしても女性に「輝いて（shine／重要な注意書き：死ね、ではなく、シャインと読みます）」ほしいらしい。けれども、そうした政策は果たしてどれだけ女のためのものになっているのだろうか。

今日の女の生＝労働をめぐる状況を見てみると、一方では、高所得キャリア女性の「活躍」が喧伝され、他方では、シングルマザーや単身女性の貧困や低賃金が社会問題化されている。しまいには、両者の格差を示す「女女格差」（橘木俊詔）という言葉まで生まれ、その階級的分断は深まるばかりにみえる。しかし政府は、女性の「活躍」を声高に謳いながら、不思議なことに、そうした女性間の格差や分断・貧困にはほとんど言及せず、またその対策も用意しないままである。

政府の定める女性活躍推進法は、「働く場面で活躍したいという希望を持つすべての女性が、その個性と能力を十分に発揮できる社会を実現する」ことを目的としたものである（傍点筆者）。ここで「働く」とは、賃労働／生産労働のことを指しており、家事労働／再生産労働は含まれていない。このため、育児や介護などのケア責任を担っていることで、そもそも「働く場面で活躍したい」という希望すら持てない／持たない女性のことや、病や障害等のために働くことから排除／周辺化されている女性のことはほとんど考慮されていない。また、たとえばシングルマザーのように賃労働と家事労働の両方を一人で引き受けているために、賃労働にそれほど多くの時間を割けないような場合、その彼女の「働く場面で活躍したい」という希望を実現するには、無料ないし低価格で安定的に確保可能な保育サービスや、短時間の就労でも生活に支障のないような十分な賃金と社会保障給付の確保が必須であるはずだが、それらを充実させようという動きも、気配も、ない。それもそのはずで、この法が志向しているのは誰もが平等に扱われる社会の実現などではなく、女性が「能力」を発揮すること、そして経済成長に貢献することなのである。

他方で政府は同時期に、あからさまに「少子化対策」を狙った「女性手帳」や「三年育休」などの提案を次々と打ち出していたことを忘れてはなるまい（いずれも女性たちの激しい抵抗にあい、今のところ頓挫）。子を安心して産み育てるための環境整備――保育所のさらなる充実や子ども手当の給付等――をする前に、出産適齢期を過ぎると妊娠しにくくなるという「医学的知見」を広めることで、女に産むよう促す「女性手帳」。出産も妊娠も男女がかかわる問題なのに、女の身体のみに介入し、産むことを求めるような政策だ。そして、育休復帰後のキャリア保障のための十分な政策を欠いたままの「三年間抱っこし放題」の三年育休。男性の育休取得率が10％にも満たない中での育休の長期化は、女性の社会進出を支援するものというよりはむしろ、子育ては母親がするものとの価値観を強化しかねない。さらに、国家戦略特区では、グローバルな経済格差を背景とした外国人家事労働者の受け入れが始まった（家事支援外国人受入事業）。日本の女性の労働市場における「活躍」のために、外国人家事労働者（女性）を「活用」しようというわけだ。

このように、二重、三重の矛盾を内包した一連の女性「活躍」政策において注意すべきは、そこには性別役割分業解消のための施策はほとんどなく、男女平等は端から目指されていないということである。要するにこれは、女をより一層働かせることで労働力不足を解消すると同時に、さらに母親として少子化の解消にも貢献してもらおう、という、成長戦略の一環としての女性「活用」に過ぎず、女性の支援ではないのである。女の身体は侵略され、骨の髄まで「活用」されようとしている。と同時に、グローバルな女性間の階層化が促され、ますます分断させられていく。これでは女はしんど過ぎる。そもそも、「活躍」なんてしたくない。

ネオリベラルな〝偽装〟フェミニズムの跋扈

実は、これら一連の政策的動向は、近年のフェミニズムが置かれた特殊な状況を反映している――ネオリベラル・フェミニズムの台頭だ。この状況を最もよく象徴しているのが、『LEAN IN（リーン・イン）』[※1]の爆発的ヒットだろう。フェイスブック社のCOOであるシェリル・サンドバーグが2013年に出版したこの本は日本でもベストセラーになっている。よく知られているように、サンドバーグは、ハーバードを卒業後、マッキンゼーやグーグルを経てフェイスブックのCOOに就任したという、誰よりも「華麗な」キャリアを歩んできた女性である。と同時に、ヤフー社の重役もつとめた夫との間に二人の子どもをもつ母親でもある。[※2]つまり彼女は、男性中心の企業社会において、自らの「努力」と「能力」により「ガラスの天井」を打ち破り、キャリアと家庭の両面における「理想」を手にした女性のアイコンなのである。男女平等の実現のためには、働く女性たちが、女性だからといって職場において遠慮せず、もっと身を乗り出して（リーン・イン）自らの「能力」を示し、リーダーを目指すべきだ、と訴える彼女の主張は、ネオリベラリズム（新自由主義）の教義と共鳴しながら世界中に広がっていった。

ネオリベラリズムとは、民営化／私有化（privatization）こそが最も「効率的」で「生産的」で、それゆえ「合理的」であるのだ、と訴える政治経済的実践の理論である。1980年代以降、現代福祉国家の多くでは、公的支出の削減を動機として、ネオリベラルな再編が進められてきた。そこでは、規制緩和と分権化を通して様々な公的サービスが民営化／私有化され、それに伴い、たとえば貧者の生活保障に対する公的責任が縮減され、貧困は自己責任の問題、個人の「能力」の問題へとすり替えられていった——ある人が貧しいのは、「能力」がなかったから、あるいは「能力」を活用しなかったからだ、というように（そうすることで、貧困に対する公的支援を最小化できるように）。女性がもっと「能力」を発揮し「活躍」しようと訴えるサンドバーグのリーン・イン・フェミニズムは、女性が直面している様々な構造的問題を、個人の（能力の）問題に還元してしまうという意味で、このようなネオリベラリズムの教義と非常に相性がよいだろう。

しかし、私たちは知っているはずだ——サンドバーグの示す道は、女性にとっての福音などではなく、むしろ呪いであるということを。現実には、サンドバーグのようにキャリアの「成功」と家庭の「幸せ」の両方を手に入れられるような女性はごく一部のエリート層に限られている、ということを。その「活躍」のために犠牲となる多くの女性たちの問題——サンドバーグのようなエリート女性のキャリアは多くの場合、低賃金で働く移民女性の家事労働者によって支えられている——は不可視化され、むしろ女性間の格差と貧困を深刻化させる、ということを。

一部のアッパークラス女性の「活躍」は、多くの労働者階級の女性の「活用」ないし犠牲の上に成り立つものでしかない——サンドバーグの呪いは、そうした事実から目を背けさせてくれるという点で、アッパークラス女性にとってかりそめの福音となったのかもしれない。というのもそれは、個人の「能力」に焦点化し、問題を個人化することで、圧倒的な不平等を成立させている構造を不問にし、自らの構造的な特権、そして履かされた下駄のまま他者を踏みつけるような暴力を忘却させてくれるからだ。一人ひとりがその「能力」を発揮し、「活躍」しようとうそぶく一連の女性活躍政策もサンドバーグの教義も、自らの「成功」や「活躍」は、自らの「努力」と「能力」によるものであり特権によるものではないと信じたいという欲望の前では、非常に耳触りがよいだろう。しかし、こうした耳触りのよさにこそ、ネオリベラルな資本主義との親和性がある。結局、「女性活躍」や「リーン・イン」が象徴する〝偽装〟フェミニズムが貢献するのは、フェミニズムの理想の実現などではなく、ネオリベラルな資本主義の維持・再生産であり、その先にもたらされるのは、ほとんどすべての女性たちの生＝労働の植民地化に過ぎないのである。

「多様性」の下の排除

フェミニスト政治哲学者のナンシー・フレイザーは、こうした状況を指して、フェミニズムはネオリベラルな資本主義の「侍女」になってしまったと表現している。[※3] かつて性差別的な資本主義の構造そのものを批判してきたフェミニズムが、ますます個人主義的な言葉で表現されるようになり、今日では、むしろそうした構造を前提とした上で、その中でいかに個人個人の女性が「身を乗り出し（リーン・イン）」、「能力」を発揮すべきかというネオリベラル・フェミニズムの助言が主流化しつつあるというのだ。それは平等な社会の実現に与するどころか、むしろ能力主義に貢献し、性差別的な資本主義の性質を強化するだろう。

こうした変化の背景には、戦後の国家管理型資本主義（福祉国家）から、今日の「組織されない」ネオリベラルな資本主義へ、という資本主義そのものの性質の変容があるという。この変容により、かつて福祉国家における「家族賃金」[※4]理念を批判したフェミニストの主張が、よりフレキシブルな資本主義において搾取の正当化のために利用されてしまうようになった。そして、福祉国家的パターナリズムに対するフェミニストの批判もまた、福祉の削減を志向するネオリベラルな福祉国家再編の正当化のために利用されてしまっている。こうして、かつて国家管理型資本主義（福祉国家）への批判として現れたフェミニズムが、ネオリベラルな資本主義にとっての「侍女」になってしまった、というのである。

さらに、フェミニズムそのものの変容——具体的には、フェミニズムの関心が、「経済的」で「物質的」な事柄から「文化的」で「非物質的」な事柄へと変容していること——も、ネオリベラルな資本主義を促進するドライブになっている。1960年代から70年代にかけて興隆した第二波フェミニズムは、階級の不平等のような「経済的」不公正のみに焦点化し、性暴力のような「非経済的」不公正を不可視化してきた運動＝思想を厳しく批判し、「個人的なこと」を政治化してきた。そうすることで、経済と文化の両方における正義のための闘争を展開しようとしてきたはずだった。しかし、次第に運動＝思想の軸足が経済から文化へ、平等の実現から差異の承認へとスライドしていく。アイデンティティ・ポリティクスが前景化する中で、差異の承認や多様性の名の下に、経済的不平等が放置されるようになっていく。「パン」のみを求める声を批判し、「パンもバラも」と訴えていたはずが、次第に「バラ」を求める声に「パン」を求める声がかき消されるようになっていく。そして皮肉なことに、そうした動きは、「パン」の保障、すなわち経済的不公正を是正するための公的支出をできるだけコストダウンしたいネオリベラリズムの教義と共鳴していったのである。こうして、一方では「女性活躍」を声高に謳いながら、他方で女性の貧困には口をつぐむ、といったいびつな態度が完成していった。

「進歩的」な素振りをみせるネオリベラリズム

このように、ネオリベラリズムは、「パン」の要求には徹底した〝不寛容〟を示すが、「バラ」の要求には〝寛容〟な素振りをみせることがある。２０２１年3月、そうした姿勢をよく象徴する二つの判決が札幌で下されている。3月17日、法律上同性同士の婚姻を認めない民法等の規定は差別であり、憲法に違反するという判決が下された。これは同性婚をめぐる日本で初めての違憲判決であり、この「画期的」な判断を下した武部知子裁判長は多くのメディアで高く評価された。しかし、それからたった2週間後、同じ裁判長が、近年の生活保護基準額の引き下げが生存権保障を謳った憲法に違反するとして、減額決定の取り消しを求めた訴訟において、原告である生活保護受給者たちの請求を棄却したことはあまり知られていない。同様に、２０１５年に日本で初めての同性パートナーシップ条例を導入した渋谷区の長谷部健区長は、同時期に、ナイキのようなグローバル資本と結託しながら、同区の宮下公園で長年暮らしていた野宿者たちの強制排除を積極的に進め、かれらの住まいと暮らしを破壊してきた。

ネオリベラリズムは、ジェンダーやセクシュアリティの差異に〝寛容〟である。かつて一様に社会から排除／周辺化されていたマイノリティ（の一部）を積極的に承認し、包摂する。一見すると「進歩的」で、耳触りのよい「多様性」等の言葉の下で、女性の「活躍」や、同性愛者の婚姻の機会を保障しようとする。しかし、それは事態のほんの表層的な一面に過ぎない。ここで問われるべきは、ネオリベラリズムは「多様性」の名の下で、誰を〝包摂〟しようとしているのかということ、そしてそれ以上に、誰を〝排除〟しようとしているのかということ、である。同性婚／同性パートナーシップは、婚姻制度そのものを脅かさない限りにおいて「承認」され得るが、差別の根源である天皇制および家父長制を支える婚姻制度[※5]そのものの廃絶を求める声は黙殺され、婚姻制度は死守される。労働市場で「活躍」し、市場に多くのカネを落とすという意味で、社会の「役に立つ」とみなされればマイノリティも積極的に包摂するが、「能力」の「活用」を拒否する「怠け者」や貧乏人は、「役に立たない」とみなされ徹底的に排除され、ネオリベラル資本主義の秩序は維持される。要するに、ネオリベラリズムが差異に〝寛容〟なのは、体制の側が変わらなくてもよい、体制の側が「コスト」を引き受けなくてもよい、その限りにおいてなのである。もっと言うと、ネオリベラリズムは、その教義を維持するためなら、いくらでもフレキシブルにその姿を変容させ、（一部の）マイノリティを〝包摂〟し続けていくだろう。そして、このような表向き社会的差異に〝寛容〟なネオリベラリズムのふるまいは、実際には現実の権力関係を不可視化し、むしろ分断を強化していくだろう。

※1 『LEAN IN（リーン・イン）女性、仕事、リーダーへの意欲』（村井章子訳、日本経済新聞出版社、2013年）

※2 なお、サンドバーグの夫は、『リーン・イン』出版の2年後（2015年）に、休暇中に滞在していたメキシコで突然死している。以降、それまでの自身の暮らし＝「オプションA」を失ったサンドバーグは、「逆境への反応の強さと速さ」である「レジリエンス」を鍛えることを通して、次善の選択肢である「オプションB」を活用することを訴えるようになる（『OPTION B（オプションB）逆境、レジリエンス、そして喜び』、櫻井祐子訳、日本経済新聞出版社、2017年）。

※3 ナンシー・フレイザー、菊地夏野訳「フェミニズムはどうして資本主義の侍女となってしまったのか――そしてどのように再生できるか」（『早稲田文学』2019年冬号）。

※4 家族賃金とは、男性労働者の賃金は、その妻子ないし家族を養うに足るものでなければならないという考え方のことである。これは、男性稼得者／女性家事従事者という性別役割を前提とした近代家族モデルに基づく考え方であり、フェミニストから批判されてきた。

※5 天皇制はそれ自体、生まれながらに人は平等ではないということ、すなわち差別を正当化する装置であるが、天皇を頂点としたヒエラルキー構造はそのまま、家父長を頂点とするヒエラルキー構造である家父長制に反映されてもいる。それゆえ、天皇の赤子である「臣民」の管理のために使用されてきた戸籍制度を前提とした婚姻制度もまた、天皇制と家父長制の再生産に貢献するものである。

魔女は禁欲しない

パンもバラもよこせ!

女のいない一日

2017年3月。私はドイツの生活困窮者支援、移民・難民の生活支援の実態調査に参加するため2週間ほどベルリンに滞在していた。調査が一段落した3月8日、私は夕方から、ベルリン南東部のノイケルン区で開催された集会・デモ「女のいない一日——ベルリン連帯マーチ（A Day Without A Woman - Berlin Solidarity March）」に足を運んだ。彼女たちは、国際女性デーである3月8日を「女のいない一日」にしようと、三つの行動を呼びかけていた。働かない！　買わない！　赤を身に着ける！　だ。一つ目の「働かない」は女の「労働の拒否」宣言である。ここで労働とは、食い扶持を稼ぐための賃労働／生産労働だけではなく、不払いの家事労働／再生産労働も含まれる。この日、女は、日常的にハラスメントが横行する職場に出勤しないだけではなく、食事作りや皿洗い、洗濯や掃除など、これまでそのほとんどを女が無償で担ってきた、あらゆる労働を拒否し、「いなくなる」のだ。これは女たちの、ゼネラル・ストライキの呼びかけだった。二つ目の「買わない」は、女性やマイノリティが経営する小店舗以外で買わないことで、男性中心的でコミュニティや環境に対して抑圧的になりがちなグローバル企業に、その一日だけでも利益を生ませないための行動だ。三つ目の「赤を身に着ける」は、連帯の意思表明のための行為で、理念に共鳴はするが実践には消極的な人でも気軽に参加しやすい行動として呼びかけられた。

この日ノイケルンには、こうした呼びかけに連帯する雑多な女たちが、群れ、踊っていた。「くたばれ家父長制！」と記されたバナーを高々と掲げるパンクス。「私の身体は私のもの」と訴えるレズビアン。「セックスワークは労働だ」と訴えるセックスワーカー。思い思いのメッセージを掲げたバナーやプラカードで賑やかに彩られた300人近い群衆でごった返し、新鮮な躍動感に満ちていた。トルコ系移民を中心に、移民背景をもつ住民が約8割を占めるノイケルンは、そうしたエリアに特有の雑多な色彩と匂いと、街路のそこかしこに描かれたグラフィティが特徴的な地域だ。そんな街並みにとてもよく似合う群衆デモだった。

家庭そのものを放棄する

このように、「ストライキ」すなわち「労働を拒否する」という運動＝思想を通して、資本主義における女性の不払い労働の重要性を最初に指摘したのは、1970年代のマルクス主義フェミニストたちだ。この運動は、アウトノミア運動が盛り上がりを見せたイタリアで誕生し、すぐに英米圏にも広がっていった。彼女たちの運動＝思想は、「家事労働に賃金を」というスローガンと共によく知られている。後述するように、家事労働／再生産労働は[※1]、資本主義にとって必要不可欠な労働であるにもかかわらず、長い間「労働」とはみなされず不可視化されてきたし、ましてや対価が支払われることはなかった。とするならば、家事労働を担ってきた多くの女性たち、とりわけ賃労働と家事労働の双方を行う女性たちは、資本主義によって二重に働かされ、二重に搾取されてきたといえる。こうした状況認識を背景に生まれたのが、「家事労働に賃金を（Wages for Housework）」運動である。

彼女たちは、「賃金要求」と「ストライキ」という二つの手段を通して、それまでは「愛」とみなされることで労働とはみなされず、無制限の搾取を正当化され、不可視化されてきた家事労働／再生産労働もまた、賃労働／生産労働同様「労働」である、ということを明示化しようとした。しかし、「家事労働に賃金を」というセンセーショナルなスローガンが一人歩きしてしまい、彼女たちの運動＝思想は、しばしば単に「主婦賃金」を要求するものだと誤解され、ときにフェミニストからも批判されてきた。家事労働に対する賃金は、女性を家事労働・家庭内にとどまらせてしまう「口止め料」として機能してしまうのではないか、であるとか、家事労働の「商品化」に貢献し資本主義を肯定してしまっているのではないか、というように。こうした批判ないし誤解は、彼女たちの運動＝思想においては、その当初から、家事労働への賃金要求と同時に、労働（生産労働および再生産労働）の拒否、すなわちストライキという戦略が重要な位置を占めていたという事実が見落とされてきたことに由来すると思われる。

この運動のマニフェストの一つとも言われる、マリアローザ・ダラ・コスタとセルマ・

ジェームズによる『女性の力と共同体の転覆（The Power of Women and the Subversion of the Community）』（1972年）は、こう訴える――「家を出よう。家庭を拒否しよう……（中略）……家庭を放棄することはすでに闘争のひとつのかたちなのだ。なぜならそこでわたしたちが行っている社会奉仕は、そうした条件の下ではもはや果たされないのだから。それゆえ、家庭を棄てる者たちはみな、要求する。これまでわたしたちが担ってきた重荷をあるべき場所へ――資本の肩のうえに――堂々と投げてよこすのだ」※2（筆者訳）、と。彼女たちが訴えていたのは、主婦の家事労働への「囲い込み」などではなく、むしろ「働かないための闘争」である。再生産労働を賃労働にする（商品化する）ことによって資本主義体制に組み込むことではなく、むしろ女性が家庭そのものを放棄し、家事労働／再生産労働を拒否すること、すなわちストライキを提案しているのである。そして賃金要求は、あくまでもそうしたストライキの延長線上で提案されているのである。実際、後述するように、この運動は後に「グローバルな女たちのストライキ」へとその名称を変更したが、こちらの方が彼女たちの運動＝思想の神髄をよく表しているといえるだろう。

以上から理解できるのは、彼女たちの運動＝思想の目的は、「女性は資本主義にとって有用な家事労働を担ってきたのだから、それに対する対価として賃金を支払え」、と主張することにあったのではない、ということである。事態はむしろその逆で、彼女たちは資本主義にとって有用であることを拒否しようと目論んでいたといえよう。「家事労働に賃金を」運動が企図していたのは、「賃金要求」や「ストライキ」という手段を通して家事労働／再生産労働を可視化することで、これらの不払い労働にどうしようもなく依存している（家父長的）資本主義の成立基盤を脅かし、資本主義それ自体を転覆することなのである。そこでは、資本主義にとっての有用性によって人間を階層化するような能力主義は、むしろ拒否されるだろう。

資本主義的秩序を乱す——魔女の誕生

ニューヨークを拠点に、資本主義下における女性への暴力とその抵抗の歴史を研究しているシルヴィア・フェデリーチは、女の労働、とりわけ家事労働／再生産労働は、それが資本主義の本源的蓄積[※3]において根源的に重要なものであることから、家事労働に甘んじない女は「魔女」とみなされ、徹底的に抑圧・排除されてきた歴史を紐解いている。[※4]というのも、労働力の生産も再生産も、この家事労働という不払い労働の領域を前提にしているからだ。賃労働／生産労働に参加する人が、今日一日働き、翌日もまた働くためには、食事や睡眠をとりその労働力を再生産すること——現役の労働力再生産——が必要だし、資本の蓄積体制を維持するためには、そうした労働力が将来的にも再生産されていくこと――子産み・子育て――が必要である。この意味で、女性がその大部分を担ってきた家事労働／再生産労働は、資本主義にとって必要不可欠な労働なのである。

したがって「魔女」とは、家事労働の拒否を通して資本主義的秩序を乱す女のことであったし、「魔女狩り」とは、そのような女への抑圧と制裁を通して、近代的労働力の生産と再生産の社会的基盤を創出し、資本主義的秩序を維持することを目的としたものであったといえよう。こうして、女の分断――魔女とそれ以外――を通した統治が進行していく。魔女が異端化されればされるほど、女の不払い労働／家事労働が自明視され、不可視化され、シャドウワーク化していく。フェデリーチは、このような女の身体や労働を搾取する「植民地化」[※5]は、資本主義の本源的蓄積期のみならず、今日のネオリベラルな資本主義においても日々進行していること、というよりむしろ、「魔女狩り」を基礎とする本源的蓄積こそが資本主義の中心であることを論じている。じじつ、先述したように、今日の日本でも「女性活躍」の名の下に、女の身体と労働の植民地化はますます進行しつつある。だから、そうした植民地化から自由になり、政府が求める「活躍」の彼岸に行くには、魔女になるしかない。

「家事労働に賃金を」はベーシックインカムの要求に接続する

フェデリーチの仲間でもあるキャシー・ウィークスは、その著書『労働をめぐる問題（The Problem with Work)』において、「家事労働に賃金を」運動を、今日のベーシックインカムの要求へと接続することを試みている。[※6] ベーシックインカムとは、すべてのひとが、その生活に必要な所得を無条件かつ普遍的に保障されることの要求である。[※7] 近年、福祉国家のネオリベラルな再編に伴い、人びとの生活や労働がますます不安定化していく中で、ベーシックインカムを求める声は高まりつつある。従来の福祉国家における給付とは異なり、資産や所得、労働、家族、性別、婚姻関係、年齢、障害などに関する一切の条件がなく、ひとはただその生存のゆえにベーシックインカムを要求しうる。働いていてもいなくても、結婚していてもいなくても、いくつであっても、とにかく関係ない。何をしていてもよいし、何もしていなくともよいのだ。つまりベーシックインカムは、それが生産労働であれ再生産労働であれ、何らかの「労働」や「活動」、あるいは「貢献」や「能力の活用」に対する対価としての賃金要求ではない。働きたくなければ、働かなければよい。一切の労働を拒否し、ベーシックインカムを要求しよう。ウィークスは、このような、労働に隷従しないという「反禁欲主義」こそ、ベーシックインカムの要求の「最も挑発的で不快感を刺激する点」であると指摘する。というのもそれは、資本主義の労働倫理と交換の論理に根源的に挑戦するものだからである。それはちょうど、「家事労働に賃金を」運動が、再生産労働の拒否を通して資本主義に根源的に挑もうとしたことと重なっていく。

実際、「家事労働に賃金を」運動が構想していた賃金要求の内実はもともと、「主婦賃金」というよりはむしろ、普遍的なベーシックインカムに近いものであった。たとえば、セルマ・ジェームズが1972年に発表したパンフレット[※8]の中では、この運動の具体的な要求項目として、「コミュニティで自主的に運営される無料の保育所や育児支援」といったケアにかかわる要求等と並んで、「女性であるか男性であるか、働いているかいないか、結婚しているかいないかにかかわらず収入を保障すること」が既に挙げられている。これはまさに、今日私たちがベーシックインカムと呼んでいるものである。

そもそも「家事労働に賃金を」運動は、当時の主流派フェミニズムが中産階級中心であったこと、そして当時の主流派の労働組合が男性中心であったことから、両者からこぼれ落ちる様々な人びとを主体――その多くは労働者階級の女性たちであったが――とする運動としてスタートしたため、その原初から一枚岩ではない雑多な人びとで構成されていた。とりわけ1990年代以降は、移民やエスニックマイノリティ、セックスワーカーなど社会から周辺化されてきた人たちと積極的に活動を共にし、コロニアリズム（植民地主義）やグローバリゼーションの不正義に焦点を当てていくようになり、「グローバルな女たちのストライキ」へと運動を展開していく。その中で彼女たちは、無償の再生産労働がグローバルな資本主義システムの問題であると認識し、全世界のすべての無償労働者との連帯を呼びかけ続けてきた。このため、彼女たちの運動＝思想は、ジェンダーや階級、人種等の差異を超えたより普遍的な理念、そして国境を越えたグローバルな正義の理念に接合して展開されてきたといえる。その意味では、彼女たちの要求が普遍的なベーシックインカムに近い形であったことも決して不思議なことではないだろう。

ベーシックインカムの要求も「家事労働に賃金を」も、私たちに、労働に――賃労働にも家事労働にも――隷従しない生のあり様を示し、欲望に満ちた主体の可能性を開いていくだろう。パンが欲しければバラを引き換えにせねばならない、パンを我慢すればバラが与えられる、そうした交換の論理を軽々と超越していく。魔女は禁欲も隷従もしないのだ――パンも、バラも、よこせ！

99％のフェミニズムへ

２０１７年3月8日、ノイケルンには、あらゆる労働を拒否し、パンにバラに様々なことを要求する魔女たちが、ベルリン中から集まっていた。現代の魔女の饗宴だ。もう、うかうかしてはいられない。「活」という名の妖怪に代わり、魔女を召喚するときが来た。実は、ノイケルンのストライキ／デモは、世界中のフェミニストたちの動きに連動したものだった。前年の２０１６年10月、ポーランドで10万人以上が結集し、国家による中絶の禁止に抵抗するストライキに踏み切ると、その動きは世界中に広がり、２０１７年3月8日には、ベルリンに限らず、多くの国・地域のフェミニストたちがこれに呼応・連帯し、ストライキに参加したのである。

１９１２年のローレンスの闘いから１００年以上の時を経た今日、こうして私たちは、世界中のフェミニストたちが各地でストライキを打つ様子を目にしている。２０１９年（邦訳は２０２０年）に出版された『99％のためのフェミニズム宣言』は、こうしたグローバルな女性たちのストライキに後押しされて書かれたものである。この本の執筆者であるマルクス主義フェミニストのシンジア・アルッザ、ティティ・バタチャーリャ、そしてナンシー・フレイザーは、このストライキ運動の延長にこそ、1%のための「リーン・イン・フェミニズム」とは全く異なる「99%のためのフェミニズム」が展望されると論じている。そしてそれは、ローレンスの闘いにおける要求と同様、パンとバラの両方を求めるフェミニズムである、と。

※1 運動においては「家事労働に賃金を（Wages for Housework）」というように、「家事労働」という言葉が採用されていたが、ここで注意すべきは、彼女たちは家事労働を掃除や炊事、あるいは育児や介護といった単なる物質的労働やケア労働として捉えていたわけではないということである。家事労働という概念には、性や生殖に関わる活動や、ケアに伴う情緒的な活動等も含まれており、様々な諸活動を包含する広い意味をもって用いられていた。このため、今日では、家事労働に代わり、「再生産労働」、あるいは「労働」という範疇では捉えられないような諸活動も含む家事労働の包括性を表現するため「再生産領域」、ないしは単に「ケア」という概念が用いられることもある。また、「再生産」という用語をめぐっても、近年の社会的再生産論などでは、労働力の再生産という狭義の意味に限らず、（資本主義の下では労働力として期待されないような）高齢者や障害者、病者のケアや介護に加え、清掃や環境に配慮した活動等の「社会のケア」などを含む広義の意味で用いられている。

※2 Mariarosa Dalla Costa and Selma James “The Power of Women and the Subversion of the Community" Falling Wall Press. 1972.

※3 資本主義的生産様式が成立するためには、一方に大量の資本を所有する少数の資本家、他方に生産手段を持たず自己の労働力を売る以外に生きる術のない大量の労働者が必要になるが、資本主義の萌芽期には、人びとを生産手段から暴力的に切り離し、労働力として資本に包摂していく過程がある。これが、本源的蓄積である。この蓄積様式は、資本主義の萌芽期だけではなく、現代に至るまで形を変えて存続しており、これこそが資本主義の本質であるとフェデリーチはいう。

※4 シルヴィア・フェデリーチ『キャリバンと魔女』(小田原琳／後藤あゆみ訳、以文社、2017年)。

※5 資本主義の蓄積過程においては、周辺の非資本主義の領域——植民地——からの収奪が行われるが、マルクス主義フェミニストたちは、マルクスが見落としてきた再生産領域に光を当て、女性もまた資本主義の「植民地」として継続的な攻撃と規律化の対象となってきたことを論じている。

※6 Weeks, Kathi "The Problem with Work: Feminism, Marxism, Antiwork Politics, and Postwork Imaginaries" Duke University Press, 2011.

※7 ベーシックインカムとは一般に、「すべての人に、個人単位で、資力調査や労働要件を課さずに無条件で定期的に給付されるお金」と定義されるものである（Basic Income Earth Network)。ただしこの定義では、給付水準についての言明がなく、社会保障給付のコストダウンを志向する陣営からしばしば提案されるような低水準の給付がベーシックインカムと呼ばれることもある。これに対し、本書では、「生活に必要な所得」を保障する水準（以上）のものをベーシックインカムと呼ぶ。

※8 James, Selma "Women, the Unions and Work or... What is Not to be done and The Perspective of Winning" AK Press. 1972.

パンデミックにおけるケアインカムの要求

不平等な「危機」

現在進行形で世界中に蔓延している「新型」ウイルスCOVID-19によって白日の下に晒されたのは、この数十年の間、やはり世界中に蔓延してきたネオリベラリズムの滑稽さ・くだらなさ《ブルシット》／欺瞞であった。私たちは、そもそもこのウイルスがある日突然、どこかからふいに現れたものではないことを知っている。それは、資本主義とネオリベラリズムが、くだらない《ブルシット》利益のために、自然を攻撃し、地球の生態系と雑多な生物・動物の生息地に不可逆的なレベルの損害を与えてきたことの帰結である。さらに、パンデミックとみなされる水準に到達するほどに感染が拡大し、多くの国が医療崩壊の危機を迎え、2021年6月末時点で400万人近くの死者を生んでしまったのもまた、ネオリベラルな資本主義がこの数十年の間に医療やケア、公衆衛生（コモンズ）の仕組みを破壊し、切り縮めてきたことの帰結である。とするならば、今次のパンデミックによる「危機」は、ウイルスによってもたらされたものというよりは、むしろネオリベラリズムあるいは資本主義という災厄によってもたらされた「危機」として捉え直すことさえできるだろう。私たちは常に、既に、資本主義という恒常的で日常的な災害の潜在的な被災者だった。ウイルスはただ、そうした事実を顕在化させただけなのだ。

このとき重要なのは、この「危機」のもたらす影響は一様ではないという事実である。たしかにウイルスは、国境を越えてすべての人に影響を及ぼし得るという意味では平等だが、その影響の程度は不平等なものになり得るだろう。たとえば、COVID-19は呼吸器疾患や免疫系疾患、その他の慢性的な病気を持つ人びとにとってより危険であることが知られている。パンデミック下で要請される「ステイホーム」のもたらす影響についても、家庭内暴力や、在宅ワークをしながら子どものケアもするという二重労働等の犠牲になるのは多くの場合、女性である。また、多くのコモンズが破壊された状況においては、経済的資源をより多く持つ者とそうでない者との間で、民間サービスを含む様々な財へのアクセスの程度はまったく不平等なものになってしまう。総じて、「危機」のもたらす影響は、階級やジェンダー、年齢や地理的要因、国籍等に依存しており、そしてそれは、COVID-19の発現以前から存在していた不平等や分断を反映し、かつそれらを深化させるといえるだろう。

「ケア階級」とブルシット・ジョブ

COVID-19の感染拡大はまた、国境の封鎖、世界中の人とモノの移動の制限等を要請し、これに伴い、グローバルな経済活動の一部が否応なしに停止させられることになった。一方、緊急事態においても停止させることができなかったのがケア領域である。この事実が示しているのは、経済が停止されても世界はなんとか維持できるけれども、ケアは私たちの生活にとって必要不可欠な《エッセンシャル》領域であり、決して停止できないということだ。[※1] そうした事実を反映して、介護労働者や看護師、スーパーのレジ係や清掃業者等、私たちの生と社会をケアする労働に従事している人びとに対する「エッセンシャルワーカー」という呼称が流通するようになった。

しかし、他者や社会をケアするこれらの労働は、決して停止できないほどに不可欠な労働でありながら、一般に不安定で低賃金であることが多く、その社会的地位も低く見積もられてきた。たしかに今次のパンデミックにより、こうした労働の重要性が広く認識されるようになり、エッセンシャルワーカーに対する称賛と感謝の声が世界中で聞かれるようにはなった。けれども、かれらが本当に必要としているのは称賛や感謝なのだろうか？　そうではなく、むしろ、不当な処遇を改善し、その経済的・社会的地位を正当に評価されることなのではないだろうか。2020年に急逝したアナキスト文化人類学者のデヴィッド・グレーバーは、他者や社会をケアする労働に従事する者を「ケア階級（caring class）」と呼び、この「危機」を、かれらの正当な地位を回復させると共に、社会的意義のない「くだらない《ブルシット》」仕事の虚構性を周知させ、そうすることで新たな社会的現実を生み出す契機とすべきであると論じている。[※2]　とするならば、問われるべきは、ではどうやって？　ということだ。

必要なのは称賛や感謝か？

ケアインカム[※3]を今すぐよこせ！――これは、先述した、ロンドンを拠点に活動している

「グローバルな女たちのストライキ（Global Women's Strike）」が、新型ウイルスCOVID-19がヨーロッパで猛威をふるっていた2020年3月27日に、各国政府に向けて発表した公開書簡のタイトルである。※4 この文書は既に、アラビア語、マレー語、ビルマ語、オランダ語、フランス語、ドイツ語、ギリシャ語、ヒンディー語、イタリア語、マンダリン、ルーマニア語、スペイン語、スワヒリ語、タイ語、トルコ語、ウルドゥー語に訳され、世界中で共有されつつある（2021年6月現在）。少し長くなるが、ここにその一部を紹介したい（筆者訳）。

毎日、そしてあらゆる緊急事態において、都市であれ地方であれ、無給もしくは低賃金で働くケア労働者たち——その多くは女性で、しばしば移民女性である——は、あらゆる年齢の、そしてあらゆる状態の人びとを守り、ケアするために奮闘している。とりわけ COVID-19 の台頭により、ケア労働は増えるばかりだが、この労働は不可視化されたままであり、それゆえケア労働者に対する政府からの給付がなされたこともない。

（中略）

コロナウイルスによるパンデミックは、気候パンデミック、貧困パンデミック、戦争パンデミック、レイプ・家庭内暴力パンデミックといった、シングルマザー世帯や病者、障害者、高齢者を最も苦しめるような様々なパンデミックに加えて起こったものである。それは、抵抗し、生存するためのわれわれの力が、身体的にも経済的にも弱体化させられていること――貧困や差別、汚染、戦争、侵略、強制立ち退き、その他の暴力によって、すでに脆弱化させられていた免疫システムから、不十分な医療や所得にいたるまで――を白日のもとにさらした。とくに「南」の国・地域や、「北」の国・地域における有色人種コミュニティ、そしてあらゆる地域の難民たちの間で。

このウイルスへの対応として、多くの国がシャットダウンしており――職場から学校、公共交通機関に至るまで――、失われた賃金を補償するような提案が議論されつつある。これらのドラスティックな政策は、政府は――もしかれらが望めば――、「危機」に対処するために迅速に動き、カネを見つけることができるのだということを示している。この重大局面において、われわれは協働して、われわれが必要とするものを強く要求せねばならない。われわれは、政府が増大した非常権限を用いて、納税者から民間企業に富を移し、このパンデミックが去った後にいたっても、われわれの活動や生活に対してさらなる管理、監視、制限を課しさえするかもしれないということを懸念している。

市場は、不払い労働の価値を10・8兆ドルであると見積もっているが、そのうちのほんの少しでも女性が得るべきだと提案されたことは一度もない。それどころか、われわれは、教育を受けてより賃金の高い仕事を得るべきだとアドバイスされるのである。もちろんわれわれは、そのようにする権利を持っている。しかしそれは、授乳から高齢者の介護にいたる生活と生存のために不可欠な労働の問題に取り組むものではない。こうした取り組みは、ケア提供者の地位と権力、そして所得を向上させることによってのみ、可能となる。

（中略）

私たちは、人間をケアし、都市や地方の環境、自然界をケアしている地球上のすべての、あらゆるジェンダーの人びとに対するケアインカムを要求する。

この力強い文書が示しているのは、もし私たちが「エッセンシャルワーカー」ないしグレーバーのいう「ケア階級」の正当な地位を回復させたいのであれば、必要なのは称賛や感謝等ではなく、具体的でマテリアルな所得保障——たとえばケアインカムやベーシックインカムのような——である、ということだ。すでにみてきたように、マルクス主義フェミニストたちは、およそ50年前からこうした思想=運動を展開し、ケアや家事等の再生産労働ないしエッセンシャルワークの重要性を訴えてきた。そして皮肉なことに、彼女たちの悲願の一部は、パンデミックという「危機的状況」をきっかけに達成されつつあるかのようである。実際、今次のパンデミックは、こうした労働の重要性に広く社会が気付くきっかけとなっただろう。しかし、バラに〝寛容〟でもパンに〝不寛容〟なネオリベラル資本主義がそこでエッセンシャルワーカーたちに与えてきたのは、称賛や感謝（バラ）ばかりで、具体的な所得保障（パン）はほとんど与えられないままである。当たり前だが、人は、バラだけでは生きられない。だからこそ、公開書簡はこう訴えるのだ——いいからパン（ケアインカム）をよこせ！

先述したように、私たちが実際に直面している「危機」は、COVID-19によるものというよりは、元来グローバル資本主義ないしネオリベラリズムという災厄によるものである。その意味では、私たちはみな、資本主義という恒常的な災害の被災者である。バス停で眠っているところを殴り殺された彼女も、後述する「犬死に」したタネさんやベルトコンベアーで華麗な盗み食いを繰り返していたミーさんも、私も、あなたも。恐れる必要はない。

魔女になろう。禁欲も隷従もせずに、パンとバラをただちに要求しよう。

※1 このことは、ケア労働者のストライキが持ち得る甚大な力を示すと同時に、（皮肉にも）その困難を示してもいる。というのも、他者や社会をケアするこれらの労働が停止してしまえば、とたんに私たちの日常生活もまた停止してしまうからである。たとえば、ベーシックインカム論者のルトガー・ブレグマンは、１９６８年にニューヨークで起きたゴミ収集作業員のストライキと１９７０年にアイルランドで起きた銀行ストライキとを対比して、以下のように述べる。「ゴミ収集作業員によるストライキの際は、たった９日間であったにもかかわらず、積み上がった10万トンのゴミで街の日常生活が不可能になり、市は要求に屈することになった。一方、銀行ストライキの場合、半年に及んだにもかかわらず、経済が停止するどころか、小切手が通貨として流通し始め、人びとの日常生活に大きな影響はなかったのである」（ルトガー・ブレグマン『隷属なき道　ＡＩとの競争に勝つベーシックインカムと一日三時間労働』（野中香方子訳、文藝春秋、２０１７年）。

※2 「魔神は瓶に戻せない」Ｄ・グレーバー、コロナ禍を語る／片岡大右（以文社　http://www.ibunsha.co.jp/contents/kataoka03/　２０２０年５月６日）

※3 ケアインカムとは一般に、ケアを担う者への現金給付を指す。

※4 “OPEN LETTER TO GOVERNMENTS - A CARE INCOME NOW!” ／ Global Women's Strike（https://docs.google.com/forms/d/e/1FAIpQLSfJS_qM-zyku4ig2YajtyO1BLOSTu4da0u7_BIQup-7fGIhw/viewform　２０２０年３月27日）

II

個人的なことは政治的なこと

路上、工場、周辺の場から

紙の味

紙が好きだ。それを束ねた本はもっと。

私は静岡東部のある町で育った。映画館が一つしかないその町にも、本屋はそれなりにあった。小さな頃、私はよく本屋に立ち寄り、時間を忘れて本を捲《めく》り、紙とインクの匂いに恍惚とした。もっと小さかった頃、製紙工場で働いていた〝ちおじちゃん〟——父の飲み友達——は、いつも、色とりどりの、数多の質感の、めくるめく匂いの、紙をプレゼントしてくれた。それは私の宝物だった。

16歳になった私は、横浜で一人暮らしを始めた。そこには、見たこともなかった大きな本屋や、時代や海を越えてきた古《いにしえ》の本を扱う古書店が数多あった。ほどなくして私は、その内の一軒に通い詰めるようになる。無口な店主は、お金のない私に何時間でも立ち読みを許し、本の質感や匂いを楽しむという小さな遊びも見逃してくれた。ある日、ニーチェを一冊静かに手渡された。なんだ、この本は!

ニーチェという紙を生きる他者と初めて出会った横浜で、私はもう一人の他者に出会った。路上で暮らす人たちだ。のんびりした静岡の町で育った私は、路上で人が暮らしている、という淡々とした都市の現実を目にしたことがなかった。心底、驚いた。なにより、毎日無数の人が見向きもせず足早にかれらの横を通り過ぎていく様に、強い違和を感じた。私は、ニーチェと出会ったとき以上に途方に暮れていた。

話しかけてみることにした。どうしてここで暮らしているのか、寒くないのか、お腹はすいていないか。学校帰りに路上に立ち寄り、幾人にも話しかけ続けた。ほとんどの場合、無視されるか追い払われるばかりだったけれども、ふと気付くと、大きな木の下に寝床を構えたその人と過ごす時間が増えていた。枯れた声で、昔飼っていた犬とエディット・ピアフの話ばかりする人だった。よい成績を取ると、ミカンをくれた。彼女は、16歳の私の秘密の友人だった。

路上の他者との出会いは、私の未来を白紙にしてしまった。私は途方に暮れたまま大学に進学したものの、教室にはほとんど通わず、ギラギラした路上に貪欲に通い続けた。もう、紙の甘い匂いなんて忘れていた。それでも、私は、夜には決まって屋根のあるアパートに帰った。屋根のある暮らしと屋根のない暮らし。私は前者を生きたかった。そんな自分の欲望が、路上の友人への裏切りであるように感じられ、他方でかれらの生の豊かさが眩しくて、その非対称性にいたたまれなくなり、路上から少しずつ足が遠のいていった。私は再び、紙の甘い匂いに夢中になった。

大学を卒業するとき、私は人生最大の決断をし、そして挫折した。紙を破って路上に戻り、当時はまだなかった、女やクイアの野宿者たちが共に安心して暮らせるセイファースペースを創りたかった。一緒に生きてみたかった。実際には生きられることのなかった、このもう一つの生が、今でも私の腹で疼く。

＊

新宿駅南口の交差点で、金貸し業の広告入りちり紙を配る。その仕事は、通常時給850円だが、生足に白のミニスカート、濃いメイクに笑顔を装えば、時給2000円になった。それは、27歳の私が日々の食い扶持と学費を稼ぐ手段の一つだった。共にちり紙を配っていた18歳の彼女は、毎日キャリーバッグを引いて出勤していた。その中には彼女の暮らしを構成するすべてが入っている。彼女には、家がなかった。

「こんにちは、アコ〇です！」ちり紙を配るわたしたちの声。「そんな資本主義の権化のような企業のために働くなんて、お前は魂を売ったのか」という男の声。「化粧にミニスカに笑顔だなんて、お前は女を売ってカネを稼ぐのか」という女の声。

彼女も私も、雑多な声の中、ただ、ちり紙を配り続けた。生きていくために。

給料日に紙幣を手にしたら、すぐに古くて甘い紙の束、古本と交換した。彼女はいつも、そんな私の愚行を面白がって笑っていた。給料日前のある日、彼女は配っているちり紙をこっそり拝借し、こう言った――食べてみる？　耳を疑った。紙を食べるだなんてそれこそ愚行だからだ。しかし、何が愚行で何がそうではないなどと誰が正しく言えようか。私は、ニーチェのように境界をずらしていく彼女の瑞々しい提案にのっかることにした。なにより私たちはお腹がすいていた。路上の草をもぎ、ちり紙と一緒に揚げる。久しぶりの天婦羅――ただし草と紙の。なんだ、この味は！

２０１４年、初めて「ゆる・ふぇみカフェ」[※1]に参加した私は、彼女のおどけた顔と甘い匂いの紙の味を思い出していた。彼女と紙の天婦羅と共にあった一時的自律空間。そんな空間が、ここにもあった。

※1　ゆる・ふぇみカフェとは、「友人とともにお茶を飲むようなカジュアルな雰囲気」のフェミニズム空間をつくろうという試み。詳しくは、熱田敬子「日本軍戦時性暴力／日本軍性奴隷制問題との出会い方――個人的な体験からゆる・ふぇみカフェへ」『戦争責任研究』87号（2016年冬季号）、およびエノ・シュミット／山森亮／堅田香緒里／山口純『お金のために働く必要がなくなったら、何をしますか?』（光文社新書、2018年）を参照のこと。

現代の屑拾い

屑を拾う者。これまでずっと産業資本主義が垂れ流してきた無数の屑を拾い集め、これを再生させる者たちがいた。生産の過程で発生するものの、まったき不要物として遺棄されたもの、すなわち屑を拾い、その拾った屑を別の何かに蘇らせる――リサイクルする――者。

屑を拾う者たちは、社会の中で周辺化された者であることが一般的である。自らも資本主義社会の屑として周辺化されてきた人びと――野宿者、女、移民など――が、やはり資本主義社会の屑として遺棄されたものを拾い集め、さらにはそれを富に変態させてきたのである。たとえば野宿者の生活の糧は多くの場合、いわゆる都市雑業によって賄われている。代表的な都市雑業は、路上や駅舎に遺棄されたアルミ缶や雑誌・古新聞を拾い集め、これを「リサイクル」に回すことである。そして言うまでもなく、女は日々、生産労働において消耗された男の労働力の「リサイクル」——再生産労働——を担ってきた。

産業資本主義が吐き出す屑、それが不可避的に生み出してしまう負の部分の尻拭いとしてのこれらの労働は、原則的に不可視の労働——シャドウワーク——であり続けてきた。というのも、この体制が屑を無尽蔵に生み出すということ、そうした屑の存在そのものは、隠されていなければならないからだ。

ところが、2011年3月の災害／事故を契機に、世界は大きく変わったかのようでもある。これまで闇にとどめ置かれ、隠され続けてきた産業資本主義が生み出す屑を、もはや隠すことができなくなってしまったのだ。災害は、われわれから多くを奪い去る一方で、多くの屑をもたらしもする。大量の瓦礫、破壊された家屋、使いものにならなくなった家財道具、原型をとどめていない車、その他もろもろの、屑、を。これらの屑はいったいどこにゆくのだろう。現代の屑拾いたちは、どれだけの屑を拾い集めることになるのだろう。

あるいは。

数多の屑の中でも、原発災害がもたらす屑の特殊性については言うに及ばない。知覚することもできず、その与える影響を測ることもできない放射性物質という屑は、一般のそれとは異なり、拾い集めて「リサイクル」できる類のものではない。その拡散を止めたり、別の何かに——ましてや富に——変態させたりすることは、端的に不可能なのである。しかしながら、あの度重なる爆発によって、天文学的な数字で屑を生産し、放出し続ける原子力発電所の姿が露わになってしまった。これはもう屑拾いたちの手に負える事態ではなく、隠蔽し続けることなどできない。そして世界はもう、原発に象徴されるこの体制のどうしようもなさに目をつぶっていることができなくなってしまった。

そうした事態を誰よりも早くに直観し、動き始めたのは女たち、とくに子どもを持つ主婦だった。それはとても自然なことだった。もとより多くのシャドウワーク／再生産労働を担ってきた屑拾いなのだから。これまでずっと、産業資本主義が吐き出す屑を、ただ黙々と拾い続け、ときにリサイクルしてきた者たち。もう、天文学的に増え続けるこの屑を、拾い続けることなど出来やしない。屑拾いは、魔女になった。その姿から、われわれはいったいどんな新たな世界を眼差すことができるだろうか。あるいは。

無菌化された労働力商品たちの夜

ジーージーージーー。耳の中にこびりついて消えない音。早朝6時。充血した目を太陽の光が突き刺す。目があけられないほど眩しく、痛いくらいだ。深夜の工場労働を終えて建物の外に出てきた瞬間、こうしていつも待機し、歓待してくれる太陽に備えて、伏し目がちのまま重い扉を開くことが、労働終了の儀式だった。

主にコンビニエンスストアの棚に並べられることになる弁当や総菜を詰める工場での労働。私の勤務時間は夜10時から朝6時まで（休憩あり）。当時は大学院生で、日中は研究や活動をし、他に別のアルバイトもしていた私にとっては、臨時収入を得るのにちょうどよい仕事だった。なにより、日中の諸活動を犠牲にせずに稼げるという点で、時間に無駄がなく効率のよい仕事だと思えたし、深夜なので時給も（日勤よりは、ちょっとだけ）よいという特典もあった。深夜バイトの中でも弁当工場を選んだのは、桐野夏生の『OUT』※1の影響かもしれない。頼めば日払いで給料を支払ってくれることもあり、カネのない学生にとってはありがたい仕事だった。そんなわけで、授業が一段落する長期休みなどは、だいたい深夜の工場で働いていた。仕事を求めれば、工場の側もいつでも雇ってくれた。今思えば、常時人手不足だったのだろう。

仕事1　ライン作業の工程

工場までは、送迎バスに乗ってみんなで一緒に向かう。着いたらまず、着替えや消毒を済ませなくてはならない。工場という無機質な空間は、ともすると、そこで生産されるものが、いずれ人の口に入るものであるということを忘れさせてしまう力を持っている。けれども、ライン作業に入る前に、毎回徹底される着替えと消毒によって、労働者は、ここで取り扱う商品が人の口に入る「食品」であるということを知らされる。食品製造ラインの衛生管理は非常に厳しい。この仕事をする前、私は「なんだかんだいって、案外適当なんじゃないの〜」と思っていたが、むしろ、衛生管理については面倒くさいくらいに徹底していた。

ライン作業に入る者は全員、全身白の作業着に着替え、支給される帽子とマスクを着用する。作業中に、商品である食品に直接触れ続ける「手」の取り扱いはなにより徹底していて、除菌効果の高い石鹸で指一本一本を丁寧に洗ったのち、手袋を二重に装着する。この時点で、もはや誰が誰だかわからなくなる。全員が、全身をすっぽり白の作業着に覆われ、顔面の大部分を覆うマスクと帽子の間から、目だけをギラギラさせている。わたしたちが、固有の名前を失い、互換可能な労働力商品になる瞬間だ。最後に、全身に消毒用ミストをあびて、無菌化された労働力商品たちが、いざライン作業を開始する。

工場の作業場は、おそらく多くの人が想像するよりずっと狭く、そして寒い。数メートルのベルトコンベアーが何本かあり、それぞれのラインのあちら側とこちら側に、5人から10人くらいの人がほぼ等間隔で配置される。ひとたび配置されると、原則的に与えられた定位置からの移動はできず、一晩中、自分の目の前に流れてくるモノだけをただひたすらにさばいていく。たとえば弁当ラインの場合、機械が定量の白米を絞り出したところで、その白米を容器に隙間のないように詰めていく作業、敷き詰められた白米に醤油を均等にスプレーする作業、そのうえにおかかを盛っていく作業、おかかが盛られた白米に海苔を貼り付ける作業、ベルトコンベアーから流れてくる肉団子や唐揚げ、コロッケ等を既定の数量に分けていく作業、既定の数量に分けられたこれらの総菜を盛り付ける作業、すべての盛り付けが終わった容器に蓋をはめ込んでいく作業、箱詰めされた弁当にパラフィンをかけていく作業、別添のソースやタレをテープで貼り付けていく作業……など、作業が非常に細かく分割されている。

仕事2　速度

ライン作業というのは、列に並んだ人たちが、リレーのようにぴったり息を合わせながら一連の作業を協同して行う、芸術的な分業体制のように思われることもあるかもしれない。しかし現実はむしろその逆だ。ラインでの作業は、ラインのどこに配置されていようとも、きわめて個人化された労働である。美しい協同作業のように映ることもある一連の流れは、実際には「個人化された労働」の群れが同時に進行している、ただそれだけのことなのだ。労働者同士が息を合わせて協働しているのではない――そもそもベルトコンベアーの機械音にかき消されてしまい、一つ隣の労働者の息遣いすら聞こえない。私たちはみな、ただ機械が刻むビートに合わせてひたすら手を動かすだけなのだ。

ベルトコンベアーのスピードは、想像よりはるかに速い。この労働を始めたばかりの頃、その速度についていけず、何度か機械を止めてしまったことがある。ライン作業に固有の恐ろしさは、このように誰か一人が機械のビートに乗り遅れ作業が滞ると、残りすべての人の作業の手も止めねばならず、結局機械そのものを止めなければならなくなることだ。当たり前だが、白米が敷き詰められていなければ、そこに醤油をスプレーすることはできないし、醤油がスプレーされていなければ、おかかや海苔を載せることもできない。出荷時間が迫る中で、自分のせいで機械を止めることになったときのいたたまれなさは、他に類比できるものがないほどのものだ。もともと寒い作業場が一瞬にして凍り付き、機械と共に時が止まる。

食品製造工場における労働とは、ベルトコンベアーの定めるリズムと速度に合わせて、自分の目の前を流れていくブツをただださばいていく、という個人化された労働であり、隣の人がそのブツをどのようにさばいているのかにまで気を配る余裕など、皆無なのである。速度はこうして、労働者から他者への想像力を奪い去る。機械に合わせていくうちに、自分もまた一定のビートを刻み続ける機械（の一部）になる。機械になることで、他者への想像力と共に感情が薄れていく。それは圧倒的な不快とほんの少しの快を伴うものだった。機械によって速度をコントロールされ、動きを制御されるという不自由さは、感情労働の連続である工場外の日常生活からの自由を、少しだけ生きるということでもあった。

ジーージーージーー。ベルトコンベアーが一晩中刻み続けるビートが身体化される不思議な空間。機械の速度とは裏腹に、工場における時間の流れは気が遠くなるほど遅かった。工場の内と外で、時間の流れが違うのではないかと本気で思っていた。一晩の労働を終えて工場から出たら、外界ではすでに一週間の時がたっていた、なんてことも信じられそうなくらいだ。仕事を終えて工場から外に出る頃には、体全体が鉛のように重く、耳から頭の中心にかけてずしんと痺れ、永遠に眠れそうなくらい、ただ眠かった。

仕事3　雑多／ずらし／もぐもぐ

当然と言えば当然なのだが、この労働における最大の難所は睡魔との戦いだ。深夜という時間帯、低い温度に設定された作業場、きわめて単純な作業の反復……そのすべてが強烈な睡魔をもたらす。もちろん、反復作業というものは、ときにランナーズハイのようなトランス状態をもたらしてくれることもあるが、基本的にはただ眠気を誘う。当時、私をこの睡魔から救ってくれたのは、ベトナム人女性たちの早口のお喋りだった。

実は、この工場で深夜に働いていた人の多くは、ベトナムと中国からやってきた女性たちだった。私が配置されたラインでは、大抵半分くらいがベトナム人女性だった。マスクを着用しているとはいえ、食品を扱っていることもあり（一応）お喋りは禁止されていたのだが、彼女たちは、作業の間中、すきあらばずっとベトナム語でお喋りしている。それは、ライン作業がもたらす睡魔に抗うために生み出された技法であり、個人化された労働に協働の契機を生み出す工夫であり、機械の定める速度から少しズレて労働の自律性を取り戻す戦略でもあっただろう。何を話しているのかまったくわからなかったけれども、あるいは「あの日本人、動きがトロイわー。ないわー」と私の陰口をたたいていたかもしれないけれども、ジーージーーと機械音が鳴り続ける作業空間にランダムに聞こえてくる彼女たちのお喋りは、私にとっては砂漠のオアシスに匹敵するくらい、かけがえのないノイズだった。

ライン作業におけるヒエラルキーにおいて、機械の次の地位に君臨していたのは、工場からそう遠くない団地に暮らす中年の日本人女性たちだった。ここで長年働き続けてきた彼女たちは、もはや機械の刻むビートをすっかり身体化しており、その動きには一切の無駄がなく、油をさした機械のようになめらかだった。当然、作業中のお喋りは皆無だった。ときおり、ベトナム語でひっきりなしに繰り返されるお喋りに向かって「静かに！」と怒鳴ることはあったけれども、大抵の場合は聞こえないふりをして見逃していた——きっと彼女たちにとっても、それはかけがえのないノイズだったに違いない。

そもそも、ベトナムから来た彼女たちの多くは、挨拶程度のごくごく簡単な会話をのぞいて、日本語をほとんど話せなかった（あるいは、そういうふりをしていたのかもしれない）。だから、怒鳴られても何を注意されたかわからないので、お喋りをやめるわけでもなかった。そんなとき、私も彼女たちのお喋りに加わりたかったけれど、ベトナム語がわからないのでかなわなかった。タオさんとミーさんとは同じラインに配属されることが多く、ときどきお喋りするようになった（私がベトナム語がからっきしダメなので、彼女たちが私に合わせて不慣れな日本語で話してくれていた）。彼女たちはときおり、ベルトコンベアーを流れてくる食材をつまみ食いする。唐揚げを右手の指でつまみ同時に左手でマスクをさっと上にずらし、そのまま唐揚げを口の中に放り込む。もぐもぐ。そして、機械を止めないように、素早く作業に戻る。先述したように、ベルトコンベアーの速度はとても速い。だから作業になかなか慣れない私にはつまみ食いをする余裕などなく、その神業にいつも感心していた。

ある日ミーさんが、例のごとく、唐揚げをひょいとつまみ、一瞬で口の中に放り込んでいる。そこまではいつも通りなのだが、この日のミーさんは、少し違った。顔面の9割を覆うマスクと帽子の間から、静かに私に目配せをしたのだ。唐揚げをつまんだばかりの指で、どうやら私にマスクを外すように指示をしている。これは……！　とピンときた私は、勇んでマスクをずらす。次の瞬間、ミーさんが唐揚げを一切れ、私の口に放り込んでくれた。味が濃く、油っぽいだけで、決して美味しくはないはずの唐揚げだけれど、それは、至福の味だった。

※1　桐野夏生『OUT』（講談社、1997年）。家庭崩壊や借金、DV、孤立無援の介護等、それぞれに生活に行き詰まりを感じながら深夜の弁当工場で働いていた4人の「主婦パート」たち。そのうちの一人がギャンブルでカネを使い果たした夫を殺してしまう。4人は共謀して死体をバラバラにし、遺棄する……というところから物語が展開していく。

「声」をきくことの無理

およそ20年前、学生だった私は野宿をしている人たちと共にあり、「運動」したり、「支援」したりしていた。古くて狭い木造アパートに暮らし、そこから（大学にはほとんど通わず）都内の路上に出かけていく日々だった。生活費や学費は「奨学金」という名の借金と複数のアルバイトでまかなった。その頃の私にとって、野宿をしている人たちは、大学で机を並べる隣の学生よりもずっと身近な存在だった。不安定な暮らしを送りながらも、将来への不安や恐れを感じることがほとんどなかったのは、日々の生活に必死で将来のことを考える余裕がなかったということもあるけれど、なにより、路上で出会ったかれらのおかげだろう。

かれらには、何もなかった。まともなシゴトも、カネも、安らげる家も。あらゆるものを奪われて（あるいは、ときに自ら棄てて）路上を生きている。しかしそれは、「失うものが何もない」という無産者固有の「強さ」を生み出してもいた。今思えば、私が路上に通い続けていたのは、そうした「強さ」に魅かれていたからだと思う。日常的に盗まれたり（ときに盗んだり）していると、私有という概念が意味を持たなくなる。そして、私有＝自分のモノ、という感覚がなければ、奪われるのではないかという恐れも意味を持たない。日常的に殴られていると、痛みという概念が意味を持たなくなる。ある日、顔見知りのおじさんが、段ボールでできたいつもの寝床で寝ているところを殴られる、ということがあった。おじさんは「スーツを着たサラリーマン」に一方的に殴られ、目の周りを赤黒く腫れあがらせ、赤い涙を流していた。思わず「痛そう……」と声をかけたら、「痛みなんてもう感じねえ」と吐き捨てるように言われた。そんなはずはない、という私の思いを打ち消すかのように、その言葉には真理が宿っていた。痛みなんて、感じていられないのだ。

それは極端な話で、もちろんかれらは、隠していた寝具や大事にしまっていた現金を何度も何度も盗まれて、その度に怒り、悔しい思いを経験していた。殴られれば、同じ痛みを過去にどれだけ経験していたとしても、やはり、痛い。けれども、路上で、また起こるかもしれない盗みや暴力への恐れに日々向き合い続けていたら、生きていけない。やられるかもしれない、と将来への不安や恐れをしみじみ感じている余裕などなく、やられたらやりかえす、あるいはただやり過ごすだけなのだ。かれらに宿っていたのは、そんな、強いられた——しかし同時にかれらが自ら獲得してもきた——「強さ」だった。[※1] 私にとって路上は、私有や暴力の圧倒的な滑稽さを教えてくれる場所であるだけではなく、何もなくても生きていける、という「強さ」を夢見させてくれ、将来への不安や恐れを消去してくれる場所だった。

およそ10年前、私たちは東日本大震災を経験した。埼玉にある社会福祉系の大学で実習担当の助教をしていた私は、ちょうどそのとき、実習中の学生の訪問指導のため、埼玉北部にある福祉施設を訪ねていた。そこは、障害者の自立や就労、社会参加を目的に、就労支援や生活支援を行っている場所で、その日も多くの人が働いていた。——それは、一人の利用者の叫び声で始まった。声の方に顔を向けた途端、大きな地響きのような音と共に、床がぐわんぐわんとたわみ、私は体勢を崩し倒れてしまった。そのとき初めて、これが地震であることに気が付いた。ふと見れば、目の前の机の下には、身体をすっぽりおさめてニコニコしながら手招きしている人がいる。叫び声に呼応して歌っている人、隣の人の肩をずっとさすっている人もいる。それぞれがそれぞれに揺れと向き合っている。私は、手招きしてくれた人の隣に潜り込むだけで精一杯だった。彼女はそっと私の手を握ってくれた。断続的に訪れる揺れは、永遠に続くかと思われた。

揺れが落ち着いてから、みんなで建物の外に出てみた。すぐ横の電柱がありえない角度で折れ曲がっている。街中からは光が消えていた。木々や家屋は傾き、行き場を失った猫が藪の中で硬直している。地震頻発地域の静岡で生まれ育った私でも、この地震が「ふつう」のそれではないことに気が付いていた。しばらくは、みんなでラジオを聞いて情報収集につとめたり、つながらない携帯電話を手に、それぞれの家族に連絡をとろうとしたり、バタバタしていた。そして、私たちは呆然とした。電車も止まっていたし、同僚の車で自宅近くまで送ってもらうことになった。信号の色が消えた道をノロノロと進む車中、私たちはほとんどずっと無言だった。その間、私の頭を支配していたのは路上の人たちのことだった――潜り込む机も傾く屋根も、隣で握る手も持たないかれらは、今どうしているのか。

翌日、私は、近くの公園の公衆便所裏で暮らしていた顔見知りのおじさんを訪ねてみることにした。普段は自転車で行く道を、1時間以上かけて歩いた。見慣れたはずの道中なのに、普段とは違う景色が続き、公園に着くまで私は不安だった。おじさんは統合失調症と呼ばれる病気で、インターポールとアメリカ政府に狙われているから身を隠している、ということだった。身を隠すためなのか、暑い日でも何重にも服を重ね着していて、たぶんもうずっと着替えていないので、おじさんに会うと翌日まで鼻の穴の中におじさんの臭いが染み付いているほどの、強い臭いをいつも放っていた。公園が近づくにつれ、おじさんに何かあったら、という不安がますます強くなっていく。悪いことしか考えられなかった。

——おい！　もう少しで公園に着く、というところで背後から怒鳴られた。ふりかえると、いつものおじさんの顔がすぐそこにあった。いつも通り、ものすごく臭い。私は嗅ぎ慣れたその臭いに安心して、何故か爆笑してしまった。結局私たちは、まるで何事もなかったかのように、いつも通りのどうしようもない話をして解散した。「大震災」は、おじさんから何も奪っていなかった。というより、おじさんにはもう、失うものなどなにもなかったのかもしれない。結局、独りよがりな不安を募らせていたのは、私一人だったのだ。

私は、屋根のある自分の家に戻ってきてから、おじさんに渡すつもりで持っていった水のペットボトルとバナナを渡し忘れたことに気が付いた。少し黒ずんできたバナナを眺めながら、まるでおじさんのようだ、と思った。実は、おじさんには屋根のある「家」があり、そこに暮らす家族もいる。おじさんの「病気」も含めていろんな事情が重なって、「家」

にいられなくなってしまったようだ。「家」から離れ、いくつかの土地を転々としているうちに、家族を切り離し、家族から切り離されてきた。同時に、社会（のようなもの）からも切り離され、公園に落ち着いた頃には、おじさんは自分の身分を証明するモノをもう何も持っていなかった。おじさんは、ちょうどこの黒ずんだバナナのように、社会からも家族からもその存在をほとんど忘れられていた。バナナもおじさんも変わらずずっとそこにいる／いた、にもかかわらず。

ところで、「災害」が起きたとき、自治体は「市民」の安全の確認と確保につとめるのが常だ。ふと思う。そうした文脈において、おじさんは、果たして「市民」なのだろうか？

「ホームレス」は「市民」か？

かつて私は、所属していた研究室の関係で、埼玉を含むいくつかの地域の「ホームレス調査」に参加したことがある。それらの調査の目的は、「ホームレス」への聞き取り／インタビューを通して、かれらの生活実態や福祉制度との関わり等を明らかにしようというもので、私自身もいくつかの聞き取りを行った。けれども、調査の報告書で私が執筆を担当したのは、（後述するいくつかの理由により）そこで聞き取った「ホームレス」の「声」

の「分析」ではなく、地域に暮らす「市民」から行政に寄せられた「ホームレス」に関する「声」の分析だった。その過程で目にすることになった、ある「市民」の「声」が、「ホームレス」は「市民」なのか?という問いに対する端的な答えを与えてくれていた。

――「ホームレスのせいで市民は危険に晒されている」[※2]。この「声」から読み取れることは二つある。一つは、ホームレスは市民ではないということ、そしてもう一つは、ホームレスは単に市民でないばかりでなく、市民を「危険に晒す」ような敵対的な存在、すなわち「脅威」として認識されているということである。岩田正美は、「普通」の貧困が「われわれ」の社会の〝中〟の貧困として認識されるのに対し、「ホームレス」の貧困は、「われわれ」の社会の外に追いやられた「かれら」の貧困、「余所者」の貧困として構築される、と指摘している[※3]。ここにあるのは、〈「われわれ」=「市民」〉対〈「かれら」=「非市民」〉という二分法である。災害時に限らず、おじさんのような「ホームレス」が「市民」として認識されることは一般にほとんどない。このような文脈においては、「かれら」=「非市民」である「ホームレス」の問題は一般に、「われわれ」=「市民」の問題としては認識され得ない。けれども、この問題が「われわれ」の問題として認識される契機が一つだけある。それは、「ホームレス」が「われわれ」にとって敵対的な存在、すなわち「脅威」として認識される場合である。このとき初めて「かれら」の問題は、「われわれ」を「危険に晒す」という意味で、「われわれ」（にとって）の「問題」となるのである。

おじさんは、社会からも家族からもほとんど忘れられた存在ではあったけれど、同時に、地域の「市民」の間ではちょっとした有名人でもあった。なによりもまず、おじさんは猛烈に臭い。そして、もとは何色だったか認識できないほどに黒ずんだ布を何枚も重ね着していて、それらがおじさん自身の身体から生まれた脂でくっついて固まっている。要するに、「ふつう」ではない格好をし、「ふつう」ではない臭いを放っていた。それだけでもこの地域では目立つ存在であり、その意味で、おじさんの存在自体が〝トラブル〟であっただろう。しかしそれだけでは、おじさんの存在が「われわれ」＝「市民」にとっての「脅威」にはならなかったかもしれない。ちょうど黒ずんだバナナのように、むしろ多くの人はその存在から目をそらし、見て見ぬふりを決め込んでいたからだ。

日常的にはその存在をほとんど忘れられているおじさんが、「脅威」となる瞬間。それは、おじさんが（おそらくその「病気」のゆえに）公園に遊びに来た「市民」と〝トラブル〟を起こしたときだ――おじさんは、利他心にあふれる陰謀論の住人だった。自身もインターポールに追われる身でありながら、誰かが陰謀の犠牲になってしまうことを常に心配しており、ときには自らの危険も顧みず、（インターポールの一味かもしれない）通りすがりの「市民」に対して「陰謀」について耳打ちし、かれらが危険に巻き込まれないよう注意喚起することがあった（私とおじさんとの出会いも、実はこの注意喚起がきっかけだった）。このとき、「市民」に「危険」を知らせたはずのおじさん自身が、「市民」にとって「危険」な存在として立ち現れてしまう、という不幸が生まれる。おじさんの注意喚起に、多くの「市民」は感謝の代わりに恐怖を覚え、自らを危険に晒す「脅威」としてはっきりとおじさんを認識するのである。※4

量産される「ホームレス調査」と奪われる「声」

ところで、「ホームレス」という用語が定着するよりずっと以前から、定住的な住まいを持たない無産者たちは、「われわれ」とは〝異質な〟存在として、しばしば社会調査の対象とされてきた。それらの調査は、「われわれ」を「危険に晒す」ような「脅威」としてかれらを描き出すものというよりはむしろ、かれらの生活様式の背景にある構造的要因を探ろうとするもの、あるいはかれらの生活改善のための条件を探ろうとする「良心的」なものであったといえよう。とはいえその多くは、どちらかというと、かれらの生活様式を外側から「観察」するものであり、かれら自身の「声」を積極的に聞き取ろうとするものはそれほど多くなかった。

だからこそ、その聞かれてこなかった「声」を聞こうと、とくに1990年代後半から2000年代にかけて、「ホームレス」を対象とする聞き取り調査が数多く実施されるようになる。そうした「ホームレス調査」も、むろん、「ホームレス」を脅威とみなすような一般的な誤認の是正を目指したものがほとんどだった。行政や研究者が主導するものの他、支援者／団体が主導するものもあったし、大都市圏だけではなく地方都市でも実施される等、調査主体・調査場所ともに、次第に多様化していった。こうして「ホームレス調査」は貧困研究領野において一種のブームとなり、文字通り「量産」されていくことになる。

先述したように、私自身もこの時代に、所属していた研究室が実施する調査に何度か参加したことがある。けれども私には、そこで聞き取られた「ホームレス」の「声」を分析したり、調査結果に基づいて「論文」を書いたり、といったことがどうしても出来なかった。結局、調査の報告書等では、「市民」の「声」の分析なんかをして、「ホームレス」の「声」からは、のらりくらりと逃げ続けてきたのだ。その理由は非常に浅薄かつ凡庸なもので、ここに書くこともはばかられるけれども、書くしかないのでぼちぼち書いてみることにする。

私にとって、聞き取った「声」を基に論文を書くことの困難は、なによりもまず、私自身が路上に「通って」いただけで、そこで共に暮らしていたわけではない、という事実に由来する。白状すると、何度か路上での暮らしに挑戦したものの、挫折したのである。当時の私は、そんな人間が路上で暮らす人たちに「ついて」書くこと等できるわけがないと思っていたし、書きたくもなかった。巷でますます量産されていく「ホームレス研究」の書籍や論文についても、とまどいと若干の憤りと共に、ただ眺めていた。かれらと生活を共にしているわけでもないのに、かれらの「声」を「聞く」ことなど、ましてや「書く」ことなどできるわけがない。とりわけ研究者は、いかにももっともらしい「調査」を通して、ただ自分が聞きたい「声」を「聞く」のみである。そうして、「調査」を立ち上げ、カネ（研究費）をとり、それを自分たちの「業績」にしていくという行為が、かれらの存在と、その「声」を「業績」のために消費しているようで、あさましく感じられた。カネがあるなら、なぜそのカネをかれらに直接配らないのか、と苛立つこともあった。たぶん私は、おじさんたちの「声」を基にした研究が量産されればされるほど、むしろ、おじさんたち自身の「声」が奪われていくように感じて勝手に傷ついていたのだと思う。

なにより、自ら「声」をあげられない貧者のために、その「声」を聞き取り、それを分析して発信し、かれらの「声」を代弁することが、研究者という特権的な立場にある者の責務だとかなんとか、わかった風なことを言っている人間は、私を最も苛立たせた。そういう人間に出くわすたび、内心「お前は何様なんだ」と毒づいていた。そしてその毒は、実際には、路上での暮らしに挫折した自分自身にこそ向けられていた。端的に言って、私は、わかった風なことを言う人間がちらつかせる特権性に、自分自身に内在する特権を見出し、そしてそれを認めることを恐れていたのだ。屋根のない暮らしを送るおじさんと、屋根のある暮らしを送る自分。読み書きのできないおじさんと、読み書きのできる自分。屋根があり、読み書きができる、そのことの特権性を常に突き付けられ、それを手放せないままでいる自分を恥じ、目を背けていたのである。だからこそ、かたくなに「書く」ことを拒み、せいぜい内心で毒を吐くことしか出来なかったのだと思う。そうすることで、おじさんと私の間に生じている非対称性のようなもの、をごまかしていたのかもしれない。

私にとって、かれらについて「書く」ということは、私と路上の友人との間に「書く」者と「書かれる」者との非対称性をはっきりと生じさせるだけではなく、かれらを物理的に「殴る」ことと同等の暴力であり、とても受け入れられなかった。なにより、路上の友人たちのほとんどはおそらく一生読むことがないであろう「学術論文」を、かれらの「声」を基に書き「業績」をあげる、ということをしたくなかった。それは、少なくとも当時の私には、自分自身と路上の友人に対する裏切りであり、倫理的にどうしても越えられない一線だった。

私たちがかれらの「声」を聞き、学び、何を書いたとしても、かれらが読まなかったり読めなかったりするのであれば、その「論文」とはいったい誰のために何のために書かれるのだろう。もちろん、研究とはそもそもそういうものなのかもしれない。だからこそ、調査協力者に対しては丁寧な説明とデータの使用許可をとること、書いたもの（論文）についても公開前に本人に確認してもらい掲載許可をもらうこと等が研究者にも求められ、それが研究倫理というものだ、とされている。でもそんなものも、結局は「研究」や「業績」のためのエクスキューズにしか思えなかった。

そんな風に、くさしてばかりいた私だが、ここ最近は、縁あって社会調査士という資格に関わる調査実習関連科目の授業を担当するようになり、その中で学生と一緒に「ホームレス」へのインタビュー調査に取り組んでいる。調査に参加する学生に対しては、かれらの「声」に全力で向き合って格闘しましょう、しまいには「声」を対象に自分なりに考えたり分析したりして文章化しましょう、等と言っている。かつて自分が全力で逃げてきたはずの、「声」を聞き／書く、という暴力行為を、平然と学生に求めているのである。とんだ茶番劇だ。正直とまどいはあったものの（というか、とまどいしかなかったけれども）、私にとって、自分自身がつながりを持っていて、学生を安心して連れ出せるフィールドは、やはり路上しかなかったのだ。

こうして私は、しばらく疎遠になっていた路上のおじさんたちに、再び出会うことになった。学生と一緒に、何人もの「ホームレス」を訪ね、一人一人に聞き取りをする。かれらの「声」に触れる機会が増えてくる。そうするうちに、気付けば私は、かれらの「声」に夢中になっていた。当たり前だが、人は誰でも、一人分の人生しか生きられない（たぶん）。誰かの人生を代わりに生きることはできないし、残念ながら誰かが私の人生を引き受けてくれることもない。けれども、インタビュー調査を通してかれらの「声」を聞き続けていくと、（かれらの人生を生きられるわけでも、友人になれるわけでもないけれど）かれらの人生の片鱗に否応なしに触れることになる（それは文字通り「片鱗」にしか過ぎないけれど、それでも確かにかれらの人生の一部ではある）。それは不思議な感覚で、初めて経験するものだった。

前述したように、私は、人生のある時期を、（そのように言うことが許されるのであれば）「ホームレス」の人と共に生きていた。屋根ありか屋根なしかという生活の差異はあったけれども、かれらは私にとって友人のような存在で、かれらの「声」に一方的に耳を傾ける、というよりは、互いの「声」を交換したり、あるいは一緒に「声」をあげてみたりしていた。言うまでもなく、そこで「声」は応答の対象であり、調査や分析の対象ではなかった（誰だって、友人を調査や分析の対象とみなすことには抵抗があるだろう）。そうした関係の中では、かれらの人生の片鱗に外側から「触れる」というような経験は生じない。私たちはただ、それぞれの人生の時間と空間の一部を共有し、それぞれ必死で生きていたのである。

そして今、かつて時間と空間を共有していた路上の友人たちのほとんどは、もういない。亡くなってしまったかれらのことを思い出すとき、私だけが止まった時間の中に取り残されて生き延びているような気持ちになる。けれども、学生と一緒にあらためて路上に通い始めてみると、必死だったあの頃には聞こえなかった「声」が聞こえてくるようになった。「聞く」のではなく、「聞こえてくる」のだ。その「声」が思い出させてくれたのは、かつて路上の友人たちがサバイブしてきた数多の暴力や痛み、悲しみの歴史や、かれらの「強さ」ではなく、むしろかれらのファンキーでチャーミングな側面だった。

私は、かれらについて「書く」こと、そして自身の特権性と向き合うことから逃げてきた。自分が暴力を行使する主体になりたくない（すでに暴力を行使しているのに）という浅薄なエゴのために、路上の友人たちが、「われわれ」＝「市民」とは異なる存在として、さらには「市民」を「危険に晒す」ような「脅威」として誤認され続けているという状況を放置してきたのかもしれない。共に生きているふりをしながら、実際には、おじさんたちが、ちょうど黒ずんだバナナのように忘れられ、あるいは見て見ぬふりをされているような状況に加担してきたのかもしれない。なにより、かれらのチャーミングで愉快な側面を不可視化することに貢献してきたのかもしれない。ならば、もう、書いてもいいんじゃないか。あの世のおじさんたちも、それを「代弁」だと糾弾するよりも、「あいつ、好き勝手書きやがって」と、笑い飛ばしてくれそうな気がする。再び出会いなおした路上の人たちの「声」に触れ、そんな風に思い始めていた。

とはいえ、20年の時を経て、「ホームレス」の「声」を聞くべく、自身の「研究」としてインタビュー調査に取り組むのかというと……、それはやはり無理そうだ。まだ、そのようにして聞いたり書いたりすることはできない。それでも私は、最近になって、とある貧困当事者組織の研究に取り組み始めた。かれらは、70年以上前からずっと自分たちの要求を掲げ、「声」をあげ続けているが、アカデミズムの世界ではこれまでほとんど取り上げられてこなかった。貧者自らが発してきた「声」が無視されてきた傍らで、「ホームレス調査」のような社会調査が量産され、「声」が「聞き取られ」ていたのである。だから私はまず、こうして忘却されてきた貧者たちの「声」を一つ一つ拾い集めることから始めてみたいと思った。「書く」ことから逃げ続けてきた私でも、かれら自身が発してきた――しかし聞かれてこなかった――「声」を拾い集めることくらいはようやく出来るような気が今している。

※1 その「強さ」はまた、より弱い者への抑圧や暴力に転化することもあった。そして、かれらより「若い」「女性」であった当時の私が、ときにかれらの抑圧や暴力の対象となることもあった。

※2 さいたま都市生活研究会『さいたま市大宮区ホームレス調査最終報告書』（2006年）。以降の記述の一部は同報告書の内容に依拠していることを記しておく。

※3 岩田正美『ホームレス／現代社会／福祉国家』（明石書店、2000年）。

※4 ジグムント・バウマンは、「脅威」とは社会自身の「内なる両面性《アンビヴァレンス》」の投影であり、脅威となった敵というのは、「自身の〝内なるデーモン〟そのもの――日常生活や〝常態《ノーマリティ》〟に浸潤する、抑圧され、漠然とした脅威――」であると論じている（ジグムント・バウマン「消費時代のよそもの――福祉国家から監獄へ」入江公康訳、『現代思想』1999年10月号、151-152頁）。つまり、おじさんのような「ホームレス」が「われわれ」＝「市民」にとって敵対的な「脅威」として構築されるのは、かれら自身の「汚い」身なり（〝異質な《アブノーマル》〟身なり）や鼻を突く臭い（〝異質な〟臭い）、公共空間の「不法占拠」（〝異質な〟居住形態）といったふるまいそのものによってではなく、むしろそれらが「われわれ」の一般的諸価値にとって「敵対的」であるとみなされること、すなわち一般社会の価値構造それ自体の「両面性」を反映した「内なるデーモン」によってであるということだ。問われるべきは、「われわれ」＝「市民」の側であり、おじさんのふるまいではないのである。

Ⅲ

ジェントリフィケーションと交差性

日常の抵抗運動

クレンジングされる街で

横浜駅からJR根岸線で三つ目の駅・石川町。南口には元町商店街、北口には中華街が広がる。中華街の先には、海沿いの山下公園や横浜スタジアム。横浜の文化と繁栄を象徴する中心地だ。観光ガイドブックには必ず掲載され、常に多くの観光客で賑わっている。その中心地の真ん中に位置する0・1平方キロメートルにも満たない小さな一画、それが、寿地区である。ほんの20年前まで、観光客や近隣住民は寄り付かない場所だった。なにかの間違いで足を踏み入れてしまった者は、おそらく視覚よりも先に嗅覚で、その場所が横浜の繁栄と対極にあることを知り、すぐに引き返したであろう。アルコールや腐敗した食物、人間や犬の排泄物が混じり合った独特のすえたような臭い、つまり人間の生＝労働の臭い。物理的な境界線は引かれなくとも、鼻につくこの臭いが、この地区を周囲の地区と分かつ境界となっていた。およそ20年前、タネさんと私は、この臭いの中で出会った。

屋根のない家《ホーム》

タネさんとの出会いは偶然だった。当時わたしは石川町近くの学校に通っていて、学校帰りに道草を食うのが習慣だった。その日もいつものように道草を食っていたら、突然雨が降り出した。周りを歩いていた人たちが一斉に小走りし始めた。雨に濡れるのは嫌だったし、つられて私も小走りしていたら、目の前に、うずくまる小さな背中が現れた——それがタネさんとの最初の出会いだった。まるで雨なんか降っていないかのように、そうしているこことがこの世で最も自然なことであるかのように、その背中は身じろぎもせず、ただそこにあった。私は、そんな背中を見遣りつつも、足を止めずに走り去った。そうすることが私にとって自然なことだった。しばらくすると、雨がピタリと止んだ。周りにはもう、小走りしている人はいない。私も小走りを止め、再び歩き始めた。

周囲の景色の流れる速度が緩やかになるにつれ、ふと、さっき見た動かない背中が思い出されてきた。もしかしてあの背中は、具合が悪くて動けなくなった人なんじゃないだろうか。私は、それを知りながら、雨の中に置き去りにしてきてしまったんじゃないだろうか。気になり始めると、心臓がバクバクしてきた。このまま足早に帰ってしまうことも出来たけれど、そんなことをしたら、今夜はこのバクバクで眠れないんじゃないかという気がした。どうせならぐっすり眠りたい。私は、動かない背中の地点に戻ってみることにした。どうせ道草の途中だったし、帰りを急ぐ理由もない。

背中は、さっきとは向きを変えていた。だからまた私の目には、背中しか見えない。一度はその背中を無視して走り抜けたことや、にもかかわらずまたその背中に戻ってきたことが恥ずかしくて、できるだけ自然を装って、背中の反対側に回り込み声をかけた――「大丈夫ですか?」。そう声をかけ終わらないうちに、私は後悔していた。背中の反対側には、あのすえた臭いがあった。背中からはわからなかったが、タネさんは、ホームレスだった。

突然声をかけられて驚いたのか、目が大きく見開かれ、そして次の瞬間には私を鋭く睨んでいた。臭いし、怖いし、私はすぐに逃げ出したかった。でも、いまさら声をかけていないふりが出来るほど小さな声ではなかったし、そもそも私はその背中に軽く手を触れてしまっていた。手を背中から離すタイミングを逃してずっとそこに置いたまま、あなたが具合が悪くて雨の中動けなくなってしまっていたんじゃないかと心配で、とかなんとか、聞かれてもいないのに、しどろもどろの言い訳を始めた。するとその人は、黙って私の手をとり、上に持ち上げた——その手の先には、豊かな緑色の木の葉がキラキラしていた。私たちが立っていたのは、大きな木の下だった。そしてそこは、タネさんの「屋根のない家《ホーム》」でもあった。

「高校生?・」「はい」「びしょ濡れじゃねーか」——タネさんは私の手を引き、木の裏側に回り込んだ。よく見ると、タネさんの背中はほとんど濡れていなかった。この手の雨はすぐに止むこと、人間が走ったところで雨という自然から逃げ切ることは出来ないし結局濡れてしまうだけなんだということ、だからこうして木の下でじっとしているのが自然であり得策であること。そんなことを早口で一方的に教えてくれた。別れ際に「風邪ひくからこれで拭いとけ」と、路上で無料配布されているポケットティッシュを手渡された。ティッシュで制服を拭きながら歩き始めて、このすえた臭いがタネさんからだけではなく、街全体から立ち昇っていることに気が付いた——私は、雨を避けて小走りしているうちに寿地区に迷い込んでいたのだ。

翌日ティッシュのお礼に訪ねて以来、学校帰りの道草ルートに寿のタネさんの家《ホーム》が加わった。

ジェンダー化され配置された街

寿地区は、もともと人も住めない沼地であったが、1859年の横浜港開港を受けて、寿町を含む港近くの沼地が埋め立てられることになった。沼地は埋め立て後、不老町・万代町・翁町・扇町・松野町・吉浜町・寿町という七つの町に整理され「埋地七ヶ町」とも呼ばれた。埋立事業は非常に難航し、1873年の完成までに多くの労働者が命を落としたと言われる。あえて不老や松、寿等の「目出度い」町名が付けられているのはそのためだ。この地域は港に近く運送の便がよいことから、物流の中心地として繁栄した。1950年の朝鮮戦争では横浜港が軍需輸送の基地となり、港湾荷役の労働需要が増大する。戦後、地区は米軍に接収されるが、この間も港湾労働を求めて全国から労働者が集まり寄せ場[※1]が形成された。他方、そうした労働者とその家族が利用可能な住居の整備はなかなか進まず、隣接する野毛地区にはスラムが形成され、廃棄船を改造した水上ホテルが生まれた。

1956年の接収解除後、もともと野毛にあった職安が寿町に移転し、日雇い労働者が寿に集まるようになる。同時期に、水上ホテルの転覆事故や伝染病の流行を契機とした野毛のスラム・クリアランスを背景に、寿町に新しいドヤが多数建設されていく。こうして、多くの日雇い労働者とその家族が生＝労働の拠点を求め移動してくるようになり、寄せ場・ドヤ街としての寿が誕生した[※1]。その後、港湾労働合理化によって、1960年代には寿町の労働者の大半は土木建設労働に移行するが、高度経済成長期には、それでも多くの日雇い労働者の生＝労働の場所として活況を呈していた。

そんな寿町から西に10分ほど歩いたところにあるのが、黄金町である。かつては「麻薬と売春のまち」として知られ、黒澤明の「天国と地獄」にもその様子が描かれている。戦後、京浜急行線の高架下に米兵相手の風俗店が誕生し、ほどなくして小型特殊飲食店が軒を連ねるようになった。いわゆる青線地帯である。寿町のドヤに暮らす単身男性労働者が、黄金町の女に会いに来る――寿町と黄金町は、ジェンダー化されて配置された横浜のインナーシティだった。500メートルほどの高架下の路地に、最盛期には250もの店舗が密集し、700人以上の女が交替制で働いていたと言われている。実はかつてタネさんも、そうした女の一人だった。

底なしに優しくてズルい人

タネさんは、戦前の横浜で生まれた。四人きょうだいの末っ子で、一つ上の兄はタネさんが小さいときに亡くなった。勉強は好きだったが、学校にはまともに行かせてもらえなかった。10代で家を飛び出して以降、一度も家族には会っていない。はっきりとは言わなかったが、お喋りの断片から、生活のために身体を売って生きてきたことが知れた。10年近く黄金町で働いていたが、そこで沖仲仕の男と知り合い寿に移り住んできた。その男とは長く続かなかったが、以降、彼女の生活と労働の拠点は、ずっと黄金町と寿の界隈だ。カネや男のあるときはドヤやアパートで屋根付きの暮らしをすることもあったが、カネも男もない時は路上で暮らした。

タネさんは、雨や風、自然との付き合い方を知っていた。暑いときや寒いとき、どうすれば身体が快適になるかを知っていた。食べることのできる雑草を知っていたし、路肩で謎の野菜も育てていた（ゲリラ・ガーデニングだ！）。どこに行けばただで喉を潤し、ただで腹を満たすことができるかを知っていた。レイプされずに生き抜くために、男を装う術を知っていた。この世界や土地は、誰かの私有物ではなくて、みんなのものだということをよく知っていた。カネがなくても、屋根がなくても、路上で生きていく高度な技術と知恵を持っていた。そして、底なしに優しくて、ズルかった。タネさんは、私の知る限り最も自立した人間だった。

「ごみ掃除をしただけ」

横浜のインナーシティとも言える寿町や黄金町。ここには、タネさんのような、人間の生＝労働の臭いを強烈に放つ者が生きていける空間が、確かにあった。ところが近年、これらの地域の風景が急速に変化しつつある。あの、すえたような独特の臭いが消え、「クリーン」になりつつあるのだ。寿町ならではの活気を支えていた日雇い労働者や野宿者、黄金町の高架下で「いかがわしい」小型特殊飲食店舗の赤い看板の光に照らされていた女たちが、路地から消えていく。かつて街を形作っていた人びとは立ち退き《エヴィクション》を余儀なくされ、街がはらんでいた雑多さは色褪せ、そこに浸み込んでいた人間の生＝労働の臭いが消されていく。街の「浄化《クレンジング》」である。浄化されたその空間には、新たな「ビジネス」が台頭してくる――それはたとえば、クリーンな観光客向けのホテル業だったり、ヒップなアート関連ビジネスだったりするだろう。そう、ジェントリフィケーション（詳しくは後述）だ。

「クリーン」になった街の景色の中で思い出されるのは、かつて寿地区で起きた一連の「浮浪者狩り」である。1982年から1983年にかけて、中学生を含む少年らが、寿地区周辺を寝床とする野宿者に暴行を加え、公園等の「ごみ箱」に投げ入れるという事件が相次いだ。これにより少なくとも三人の野宿者が殺されている。この出来事は、加害少年の「横浜を綺麗《クリーン》にするためにごみ掃除をしただけ」という供述と共にセンセーショナルに報道されたが、その一方で、殺された者たちについては単に「浮浪者」と説明されるのみであった。

少年の言葉も、直接的な暴力も、的外れな報道も、この社会がはらんでいる構造的な暴力の単なる反映に過ぎないのだろう。それは忘却という名の暴力だ。私たちは、殴り殺され、ごみ箱に投げ捨てられた無名の「浮浪者」たちこそが、今日の横浜の繁栄・「豊かな」街の風景をその手で作ってきた日雇い労働者であったということを忘却している。寿地区の「浮浪者」や黄金町の女たちは、ごみ箱に投げ捨てられ、立ち退きを迫られ、そうして不可視化され、その生＝労働の痕跡を消去され、忘却されていく。一見するとヒップでクリーンな街に変貌したその空間には、このようにして、その生＝労働の痕跡を消された――しかし、確かにそこに生きていた――人びとの亡霊が宿っているだろう。

寿町と黄金町の「浄化」が進められていた頃、かつての街の景観と臭いが消えていくのに合わせるかのように、タネさんが、消えた。私たちは、残されたこの無臭空間で、タネさんや数多の亡霊の声を導きに、再びあの臭いを忘却の彼方から取り戻すことは出来るだろうか。

※1 寄せ場とは、もともとは日雇い労働者たちが日々の仕事を探す青空労働市場を指す。そうした寄せ場の周りには、日雇い労働者が居住するドヤ（3畳一間ほどの簡易宿泊所。宿とは呼べないような劣悪な宿泊施設であることから、皮肉を込めてヤドを逆さ読みしドヤと呼ばれる）が立ち並ぶことが多く、そうした地域全体を指して「寄せ場」ないし「ドヤ街」という。

猫のように体をこすりつけろ

つん、と鼻を突くような臭い。アルコールや腐敗した食物、汗や排泄物が混じり合った、独特のすえたような臭い。今日では、まちを歩いていて、ふと出くわすことがほとんどなくなってしまった、人間の生＝労働の臭い。横浜の寿町からこの臭いが消えていったとき、タネさんも、その臭いとともに寿町から消えた。

観光客とクレンジング——寿町の場合

タネさんの生きた寿町は、日雇い労働者が多く住む寄せ場として知られ、東京の山谷、大阪の釜ヶ崎と並ぶ日本の「三大寄せ場（ドヤ街）」の一つに数えられることもあった。とはいえ寿の場合、港湾労働を中心に形成された寄せ場であったこともあり、建設土木労働が主である山谷・釜ヶ崎と比べると定住傾向が強く、寿の地で家族を形成する者も少なくなかった。このため、寄せ場でありながら、女や子どもも多く住み、地区内には保育所や学童保育も設置される等、ともすると牧歌的な雰囲気さえ感じられる場所であった。1960年代には港湾労働の合理化に伴い、寿町の労働者の大半も土木建設労働に移行するが、高度経済成長期には多くの日雇い労働者、そしてその家族の生＝労働の場として活況を呈していた。

しかし1970年代以降、日雇い労働市場の縮小等の影響を受け、寿町でも仕事が減少していき、徐々に労働者も高齢化していく。こうして1990年代には、仕事を失ってドヤにも住めず、路上で寝起きする者の姿が寄せ場の内外で目立つようになった。今日では、そうした住民の多くが高齢者や生活保護受給者となり、かつて「日雇い労働者のまち」として知られた寿町は、「福祉のまち／高齢者のまち」へと変貌した。これに伴い、簡易宿泊所（ドヤ）も次第に新築・改築が進められ、エレベーターの設置等バリアフリー化が進み、外観も小綺麗になっていった。

他方、改築されないままの設備の古いドヤでは空き室が目立ち、それがちょっとした「問題」となりながらも放置されていた。しかし2000年代になると、この空き室を利用した「ビジネス」がにわかに台頭してくる。空き室となった簡易宿泊所をホステルに改装し、新たに観光客を呼び込もう、というものだ。2005年に事業開始した「ヨコハマホステルヴィレッジ」は、その先駆けである。元町や中華街等の横浜の主要な観光スポットにほど近い立地のよさと、リーズナブルな価格設定を売りに、国内外からの観光客やビジネスパーソン等、これまで寿からは縁遠かった新たな層を顧客として呼び込もうという戦略だ。その過程で、もともとこのエリアに暮らしていた住人たちの居場所が奪われていく。次第に、かつての寿町の景観やその独特な臭いは薄められ、観光客向けのクリーンで均質な空間に作り替えられていく。まちの「浄化《クレンジング》」と「再生」だ。

クリエイティブシティ・ヨコハマ——黄金町の場合

このような地域の再編は、寿町から西に10分ほど歩いたところにある黄金町でも同時期に進められていた。いわゆる青線地帯であった黄金町には、最盛期には250もの店舗が密集し、その赤い看板の光に照らされながら多くの女が働いていた（タネさんも、そうした女の一人だった）。しかし、そうした黄金町の景色や喧騒は、今はもうない。発端は、地域住民による「浄化活動」だった。これらの風俗店を撲滅し、街を「クリーン」にしたいという地域住民らが中心となり、2003年、その名も「初黄[※1]・日ノ出町環境浄化推進協議会」が設立された（傍点筆者）。同協議会は、行政や警察との連携を強めながら「安心で安全なまちづくり」を推進していった。そして早くも2005年には、横浜市と警察による一斉摘発「バイバイ作戦」――英語のBye byeと売買春をかけた造語と言われる――が発動し、これにより、すべての「いかがわしい」特殊飲食店が黄金町から一掃されたのだ。二年足らずという短期間でこのような立ち退き《エヴィクション》が進められた背景には、横浜港開港150周年を迎える2009年に向けて地域の「イメージアップ」を図りたいという行政と警察の意向があったとも言われる。こうして、「汚い」もの・「いかがわしい」ものの立ち退きの後にやってくるのは、ヒップでクリーンな「街づくり」を謳った再開発である。

　2007年には、横浜市の推進する「クリエイティブシティ・ヨコハマ」――芸術や文化の持つ「創造性」を活かした街づくり――の一環として、「アートによる街の再生」が進められることになった。手始めに、黄金町の高架下、かつて特殊飲食店の店舗だった場所に、アーティストのスタジオやアトリエとして「黄金スタジオ」と「日ノ出スタジオ」が作られた。これを契機に、2008年には横浜市と地元住民が共同で企画し、黄金町一帯で開催されるアートフェスティバル「黄金町バザール」がスタートする。こうして本格化していった「アートによる街の再生」は、アートレジデンスの導入によってアーティストを街に常駐させ、さらにアートによって街の賑わいを絶え間なく演出することで、「安心・安全」でクリーンなまちづくりの実現を目指していると言えよう。かつての青線地帯を舞台としたこのクリーンな祭典《フェスティバル》は、現在に至るまで毎年開催されており、2020年に第13回を迎えた。こうして黄金町は、アートによる再開発の「成功事例」として知られるようになった。

書き換えてるの、誰だ?

このような「街の再生」は、かつて寿町のドヤ街や黄金町の青線地帯にあった喧騒や「いかがわしさ」、街に染み付いていた人間の生＝労働の臭いを払拭し、そうして街の地理や歴史を消去し、書き換えることに貢献するだろう。果てに待っているのは、フラットでクリーンな「安心・安全な街」である。この、一方的なクリーンさへの欲望は異様である。見苦しくて不衛生なブルーシートや段ボールでできた「家《ホーム》」は、住人の意思とはまったく無関係に暴力的に撤去され、「美しい」アートや「クリーンな」ホステルに置き換えられる。臭いたつ人の生そのものより、無臭の美が欲望される。そこに現れる「美」とは一体何だろう。後述するように、意図すると意図せざるとにかかわらず、このような街の浄化と再生は、ミドルクラス（的なもの）による労働者階級の生＝労働の暴力的な隠蔽と忘却の上に築かれたものである。そしてこの種の再編は、今日世界中の都市で頻出している。それは、ジェントリフィケーションと呼ばれる一連の現象を構成するものである。

ジェントリフィケーションとは、1964年にイギリスの社会学者ルース・グラスが編み出した概念で、資本の「再開発」によって都市の貧困地域の地価が高騰し、その結果貧困層が都市を追われるという現象を指す。[※2] アートスタジオ等のアート関連ビジネスは、この再開発における格好のツールであると言われてきた。しかしそのことは、ジェントリフィケーションがアートの力で駆動されることを意味しない。スコットランド出身の地理学者ニール・スミスは、ジェントリフィケーションが、文化やアートではなく資本の論理によって駆動されることを論じている。[※3] それは、建造物そのものだけではなく貧しい労働者の地理と歴史をも塗り替えてしまう。この意味でジェントリフィケーションとは、決して階級的にニュートラルな再編過程ではない。それはむしろ、階級的対立を背景に労働者階級の文化・生活・地理を、ミドルクラスのそれに置き換えようとする暴力なのである。

20年前には誰も近づきたがらなかった寿町や黄金町のような「貧困地域」。その再開発の過程で起きたのは、単に、その土地に浸透していた「貧しさ」や「いかがわしさ」が払拭され、「ヒップでクリーン」なアートや観光業に街の景色が取って代わられるということだけではない。かつてこの地域で生きた貧しい人びと、「いかがわしい」人びとが物理的に退出を迫られている（あるいは、「いかがわしく」ないよう変態させられる）のである。

留まる、出ていかない、という営み

このような暴力の出現は、この地に限ったことではない。長居公園で、釜ヶ崎で、代々木公園で、宮下公園で、……そして世界中の都市で、路上で。とりわけ都市公園では、行政代執行という強権を発動してまでも、そこで暮らす野宿者たちが強制的に排除されてきた。その目的は、野宿生活者の姿を物理的に消し去り、見えなくすることだ。そうした形の公園の「適正化」は、ジェントリフィケーションのいわば地均しとしての「浄化」の過程といえよう。浄化によってフラットになった街に、さらに新しい「アート」や「観光」などのビジネスが入り込み、街の「再生」が図られるとき、ジェントリフィケーションは完成する。貧者を「退出」させ、街を「浄化」し「再生」する。こうした一連の過程を通して、その土地に浸み込んだ貧しい労働者たちの生＝労働の臭いと共に、その痕跡を消し去り、地理と歴史を書き換えるのである。貧者の暮らしはこうして根こそぎ奪われ、徹底的に不可視化されつつある。

けれどももちろん、貧者はそこでただ黙っているわけではない。抵抗の一つの方法は、占拠だ。そこに留まる、出ていかない、という営み。猫のように、再開発の暴力をするりとかわし、自分の生の臭いを街にこすりつけ、浸み込ませてしまおうというわけだ。先述したニール・スミスは、野宿者やスクウォッターによる占拠闘争は現実には「敗北」してばかりであるにもかかわらず、かれらがそうした闘争を諦めるような兆候はちっとも見られないと述べている。実際、ジェントリフィケーションの進行と共に、2000年代以降、都市の公園や路上などの公共空間をめぐる占拠闘争も激化していった。よく知られているのは、宮下公園を「ナイキ化」から守ろうとした占拠闘争であろう。[※4] また東京オリンピックに向けて、東京という都市空間のあちこちで都市再編が進められてきたが、同時に、これに抵抗する闘争も活発化してきている（詳しくは「反五輪の会」HP参照のこと）。[※5] 次章では、そうした都市における占拠闘争の事例を紹介してみたい。

※1 初黄とは、初音町と黄金町の総称で、その一角と日ノ出町地区の一角が、かつての青線地帯であった。

※2 Ruth Glass 'Introduction: Aspects of Change', in "London; Aspects of Change, edited by the centre for Urban Studies" MacGibbon & Kee. 1964.

※3 ニール・スミス『ジェントリフィケーションと報復都市：新たなる都市のフロンティア』（原口剛訳、ミネルヴァ書房、２０１４年）。

※4 くわしくは「みんなの宮下公園を守るブログ」（https://minnanokouenn.blogspot.com）を参照のこと。

※5 反五輪の会のＨＰ（https://hangorin.tumblr.com）。

抵抗する庭

「後悔していないのか？　こんな馬鹿なことのために命を落とすのは残念じゃないのか？」
「俺は少なくともまともな人間でいられた。俺は共犯者にはならなかった」

これは、ドイツ人小説家ハンス・ファラダの遺作『ベルリンに一人死す』（赤根洋子訳、みすず書房）からの引用だ。ナチスが猛威をふるっていた１９４０年代初頭に、オットー・ハンペルとエリーゼ・ハンペルという平凡な労働者階級の夫妻が開始した日常的な抵抗運動を基に執筆された長編作品である。[※1] 私は２０１７年の夏、かつて「こんな馬鹿なこと」

のためにギロチンに首をはねられた、ハンペル夫妻の自宅跡を訪ねた――亡霊となったかれらとの出会いを求めて。

撒かれた葉書

静かな日常を愛し、つつましく暮らしていた工場労働者のオットー・ハンペルと、家内労働者のエリーゼ・ハンペル。ごくごく平凡な夫妻が暮らしていたのは、ベルリン北西部にあるウェディング地区である。古くから労働者階級が多く住み、1920年代には、ナチスと激しく衝突していた「過激派」共産主義者が多く住んでいたことからレッド・ウェディングとも呼ばれていた。夫妻は、ナチスの恐怖政治が民衆の日常生活にまで浸透しつつあった1940年、この地で日々、「こんな馬鹿なこと」を繰り返していた。それは、葉書を書くという行為である。葉書を書く、というごく当たり前の行為が非難されたのは、そこに書かれていた内容によるものである。それは、ナチスへの抵抗の呼びかけであった。

反ナチスやサボタージュを呼びかけるメッセージを、一文字一文字、丁寧に葉書に認《したた》め、これを近所の公共の建物にこっそり置きにいく。たった一枚の葉書であっても、それを目にした誰かが、呼びかけに共感してくれるのではないか。そして別の誰かとこっそり葉書を共有してくれるのではないか。そうして、いずれはベルリン市民に広く抵抗の気運が浸透していく力となるのではないか。そんなことを夢見て、1940年から2年以上にわたり、夫妻は日々、ただ黙々と葉書を書き、そして撒いた。葉書は300枚近くにのぼった。しかし、夫妻の夢が現実になることはなかった。かれらがベルリン中に撒いた葉書のほとんどは、発見者によって直ちに当局に届けられ、多くの市民の目に触れることはなかったのである。そして夫妻は、反逆罪のかどでギロチンに処された。

レッド・ウェディングと再開発

夫妻が生きたウェディング。今日では移民が多く住み、ベルリンの中でも人種的「多様性」に富むエリアだと言われる。貧困率や失業率も高く、雑多なグラフィティに彩られた古い工場の建物がそこかしこに建っている。家賃も比較的安く、文化的多様性に富み、ベルリン中心部からのアクセスもよいということで、近年、アーティストや学生が移り住むようになってきた。そして、そうした都市部にお馴染みなのが、ジェントリフィケーションだ。ウェディングは、ベルリンにおける次なる開発のターゲットと目されているのである。それでも、この地区にはまだ低所得者向けの公営住宅や、個人経営のトルコ系・アラ

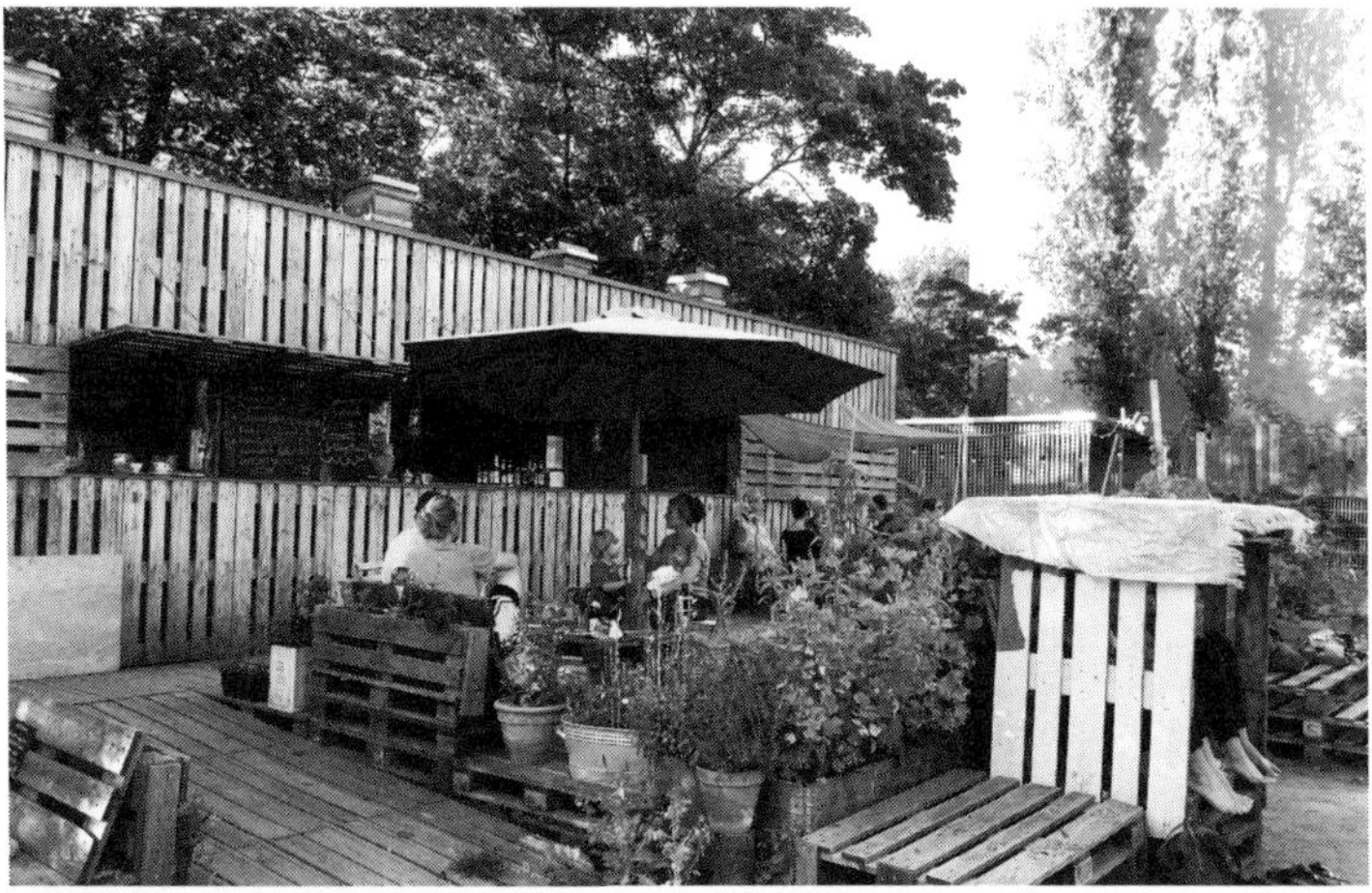

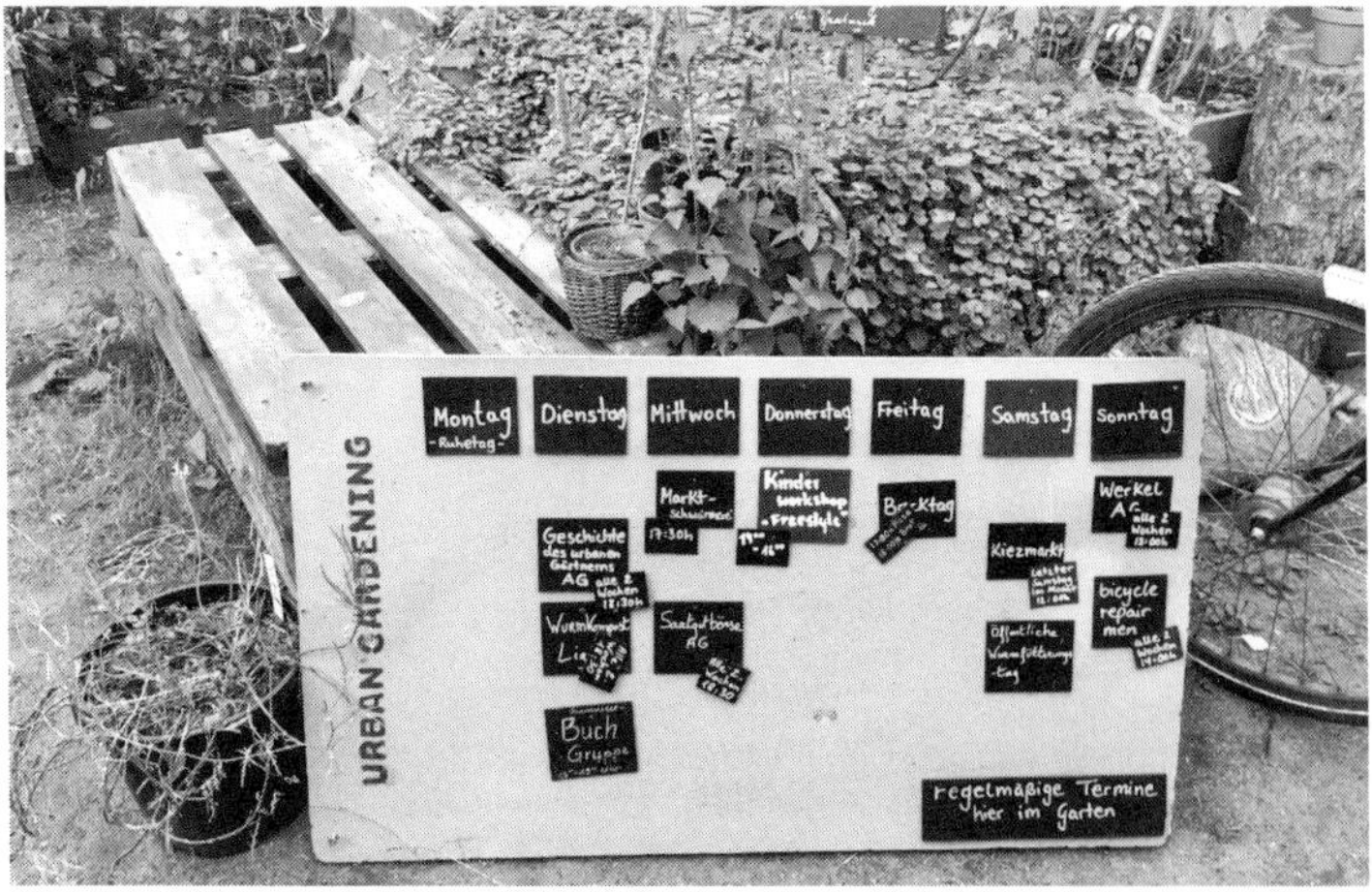

上）地域住民が共同で作ったという空間はほとんどがバリアフリー
下）花や野菜、様々なハーブが栽培されているだけではない。自転車修理や子どものためのワークショップも開催され、地域の内外から様々な人が集う

ブ系の食材店等も少なくない。しかし、通りを一本挟んだ向かいには、ヒップなオーガニック系カフェや、ディナー一食5000円以上取られるフュージョン料理レストランが並んでいたりする。かつてのレッド・ウェディングにも資本が少しずつ入り込み、地価も上がり始めており、貧乏人はより家賃の安い周辺部に立ち退かざるをえない状況にあるという。

ハンペル夫妻の自宅跡も、今ではミドルクラスの家族連れが多く住む、緑に囲まれた静かなアパートに姿を変えていた。それでも、かつてかれらがこの地で葉書を書き、心臓が縮みあがるような気持ちでそれを手の中に隠し持ち、人目を警戒しながら通りを歩き、目ぼしい公共の建物に一枚一枚撒いていた姿を想像すると、胸に込み上げてくるものがあった。夫妻が生きたウェディングの地理=歴史は、たしかにじわりじわりと塗り替えられようとしている。しかしウェディングには同時に、ジェントリフィケーションへの静かな抵抗とも呼べるような空間も生まれていた――まるで夫妻の亡霊がガイドしているかのように。その一つが、夫妻の自宅跡から歩いて10分ほどの「ヒンメルベエット（天国のベッド）」と名付けられたコミュニティ・ガーデンである。

ヒンメルベエットの空に掲げられたかのようなグラフィティ

「天国のベッド」を創る人たち

コミュニティ・ガーデンとは、地域住民が共有・自主管理する「庭」を指す。ヒンメルベエットはベルリンでもよく知られた「庭」の一つで、レモングラスやミントの香り、土と堆肥の香りにつつまれた居心地のよい空間である。私が訪れたとき、ハーブの摘み方を丁寧に教えてくれた地域住民の一人は、ここはベルリンという大都市の一角にある「小さなオアシス」だと表現してくれた。近隣の人が共同で野菜や花、数多のハーブを栽培しており、訪れた人は誰でも自分で好みのハーブを好きなだけ摘み、カウンターでもらった熱いお湯をたっぷり注ぎ入れて、野性味溢れるハーブティーをその場で味わえる。空間作りにおいては、DIYと協働による実験的な実践がみられ、たとえばパンやピザを焼くための大きな窯も、地域住民が共同で手作りしたものだという。その窯で焼いたパンは、住民がシェアして食べている。「庭」の中にあるカフェエリアは、廃材や泥など再生可能な資材で建てられており、ダメになった野菜も無駄にせず発酵させてコンポストとして再利用している。食の主権を大事にしながら、自然や生物多様性を出来るだけ維持し、環境を損なわない工夫に満ちた場でもあるのだ。

このような都市における「庭」は、単なる共同菜園というよりは、自治を軸とした自律的な公共空間でもあり、「誰もがアクセスできる」ことが重要である。ヒンメルベエットも、空間内のほとんどがバリアフリー構造になっており、誰でも無料で出入り出来る。このため、様々な背景を持った人がやってくる——学生、主婦や子ども、トルコ系移民やアーティスト、ホームレス、車椅子ユーザー、そしてもちろん私のようにふらっと立ち寄る旅行者も。「庭」は、階級や人種によって空間や文化が分断されがちな都市の一角で、誰もが集える共同の空間となるのだ。こうして様々な人が集まると、そこには様々な知恵が集約されることになる。種子に詳しい人や料理が得意な人。料理は出来なくても窯の作り方を知っている人。大工仕事や自転車修理が得意な人もいる。なんにもできない人もいる。雑多な人が雑多なものや知恵を持ち寄ったり持ち寄らなかったりして、コレクティブ（集合的）に庭が維持されているのだ。

自分たちの土地で、自分たちが食べるものを自分たちで作る。雑多性を排除せずコミュニティの自治を大事にする。これが、「庭」＝運動の基本である。それは、食糧や土地を含めあらゆるモノをカネで購入／消費するような資本主義や、グローバルな格差を背景に、遠い土地で作られた作物を大量のエネルギーとコストを使って輸入するようなグローバリゼーションへの抵抗でもある。同時にそれは、異質な者を排除するジェントリフィケーションへの抵抗でもあるのだ。

Still Not ♡ Gentrification!

コミュニティ・ガーデンの出自は、都市部の空き地にゲリラ的に野菜や草花を植える「ゲリラ・ガーデニング」「アヴァン・ガーデニング」という運動にある。都市に「庭」を生み出すという行為は、持たざる者、貧者にとっては、土地の私的所有を基盤とする再開発に抵抗する手段の一つでもある。それゆえ、土地をどのように考えるかということにも深く関わっており、「庭」の多くは占拠／スクウォッティング運動とも共鳴してきた。しかし、だからこそ、都市の「庭」を脅かすのは、常に土地の問題である。多くのコミュニティ・ガーデンは、不法占拠ではなく土地所有者と契約を結んでいる場合でさえ暫定利用の契約であることがほとんどで、常に立ち退きのリスクと共にあるのだ。

実はヒンメルベエットも今、存続の危機にあるという。ウェディング地区の再開発の流れの中、何度も立ち退きを迫られているのだ。しかし、私たちが忘れてはならないのは、都市の「庭」は常に、既に、反ジェントリフィケーション的であるということだ。それは、私たちに公共空間の意味を改めて問い直す――公園は、路上は、庭は、空は、土地は、みんなのものでなくて一体誰のものだというのだ、と。なぜ資本ではなくてわれわれが立ち退かなければならないのか、と。「庭」はそれ自体が、ジェントリフィケーションを構成する公共空間の私有化＝民営化と商業化に対抗する存在なのである。

ヒンメルベエットの庭からは、そうした状況をよく表わす象徴的なグラフィティを望むことができる――Still Not ♡ Gentrification!

資本主義的土地所有に抵抗する占拠という戦法が私たちの日々の暮らしと接続されるとき、それは「庭」という形をとる。アメリカのアナキストで詩人でもあるピーター・ランボーン・ウィルソン（別名ハキム・ベイ）は、日常生活の中に「今、ここのユートピア」を創り出す「庭」の抵抗こそが、資本主義に抵抗し得る前衛的運動だという。いかなるレジスタンスとも接触せず、日常生活を坦々と維持しながら葉書を書き、撒くという抵抗運動を続けたハンペル夫妻。そして夫妻の生きたウェディングで今日、「庭」を創る人びと。ただそこに留まり、静かな抵抗を、日々生きる。かれらの所作は「こんな馬鹿なこと」と揶揄されることなのかもしれない。けれども、そこに、ユートピアがあるとしたら。

まずは葉書を一枚、書いてみませんか？　あるいは種を、撒いてみませんか？

※1　オットー・ハンペルとエリーゼ・ハンペルは、ファラダの著作内ではオットー・クヴァンゲルとアンナ・クヴァンゲルという名で登場し、後に何度か映画化もされている（最もよく知られているのは、ヴァンサン・ペレーズ監督による「ヒトラーへの285枚の葉書」、2016年）。

「開発」と家父長制

先述したように、2021年夏のオリンピック開催に向けて、東京という都市空間では「再―開発」の暴力が遂行されてきた。ここでは、この「再―開発」ないし「開発」と家父長制※1との関係に光を当ててみたい。まずは、もう一度タネさんの話に戻ろう。

「福祉のまち」へ

その人生のほとんどすべてを横浜の寿で過ごしたタネさん。だが、寿地区のジェントリフィケーションが進められる中、タネさんは一人姿を消した。それから数年後、私はタネさんを求めて再び寿地区に出向くことになる。その頃私は、いちおう大学で社会福祉を学ぶ学生だった（いちおう、と言うのは、ほとんど大学には通っていなかったからだ）。私の所属していた学科には、社会福祉実習といって、福祉の現場に数週間出向き、そこで実習をさせてもらえるという制度があった。私は実習先として、迷わず横浜市中区福祉事務所（現中福祉保健センター）――寿地区を管轄する福祉事務所――を希望した。何も言わずに姿を消してしまったタネさんに、もしかしたら再び会えるのではないか、という不純な動機と微かな希望を持って。

2000年代初頭の寿地区は、寄せ場特有の活気をもった「労働者のまち」から「福祉のまち」へ姿を変えており、多くの人が生活保護を受けながらドヤで暮らしていた。もしかしたらタネさんも、どこかのドヤにいるんじゃないか。私は約2週間の実習期間中、ほとんど毎日、実習が終わるとその足でかつてタネさんが暮らしていた「家」のあたりに向かい、うろうろした。タネさん、タネさん。心の中で何回も呼びかけた。強く探し求めれば、かつてそこにあった寿の臭い、タネさんの臭い、人間の生＝労働の臭いが微かに感じられるような気がした。臭いの記憶が戻るやいなや、私はタネさんに会いたくて仕方なくて、胸が締め付けられた。自分ではずっと気付かないふりをしていたけれど、私はずっと彼女に会いたかったんだ。

タネさんは常に寿地区の周辺にいた。だから、タネさんと話したくなったら、ただ寿に行けばよかった。私は、彼女の連絡先も、家族や友人の所在も知らなかった。だから、タネさんがそこからいなくなってしまえば、もう彼女に会う術はないも同然だった。彼女もそれを知っていたし、だからこそいつも同じ場に留まり、私を迎えてくれた。だから、なにも言わずに寿からいなくなってしまったことで、一方的に関係を断ち切られた気がして、私は混乱し、彼女に会いたいという気持ちにもずっと蓋をしていたのだ。

役立つことから遠く離れて

寿地区での実習をはじめて10日ほどたった頃、私はようやくタネさんを知っているという人に出会った。彼は、タネさんについて「あの婆さん、どっかで〝犬死に〟したんだ」と言った。犬死に？　タネさんが？　死んだ？　頭のどこかでそうだろうと思っていた事実をあっさり突き付けられて、私は悲しむよりも先に、ほっとしていた。彼女は、一方的に私との関係を断ち切ったのではなく、ただ死んだのだ。タネさんは、死んだ。気が付いたら私は、その日会ったばかりの男の前で号泣していた。タネさんを知るその人は、その間ずっと黙って横に座っていてくれた。彼もまた、涙ぐんでいた。

ところで、犬死にとは、その死が「何の役にも立たない」、まったくの「無駄」であるかのような死に方を指す。彼は、タネさんの死は何の役にも誰の役にも立たない無駄なそれだったと、しれっと言うのである。まるで、それがなんでもないことのように。最初に聞いたときは酷い言い草だと腹がたったけれど、しばらく彼の話を聞いているうちに、腹をたてた自分の浅はかさに気付かされた。犬死にだなんて、これ以上ないくらいタネさんらしいじゃないか。まったき無駄死に。もちろん、実際のことは彼にも私にもわからない。だけど私は、やはりタネさんの死はどんな形であったにせよ犬死にであったに違いないとどこかで確信している。

「売春」で身を立て、路上で暮らしてきたタネさんは、いつも「役に立たない」「無駄」な存在であると社会から眼差されてきた。思えば彼女は、それに対して怒るでもなく、それどころか、積極的に「役に立つ」とみなされることから遠ざかり、無駄を愛そうとしていた。そうすることで、この世に無駄なものなどないということを逆説的に示そうとしていたのかもしれない。路上生活という厳しい環境を生き抜く中で、人間の手に負えないことがあまりにも多いということ、私たちのなすことの多くが実際には無駄であることを誰よりもよく知っていたのだろう。彼女は、「役に立て」というドライブをかけ続ける社会、「誰かの/何かの役に立つ」という終わりのないラットレースのくだらなさを誰よりもよく知っていたし、そんなラットレースから抜け出せず、必死に「無駄」を回避して「役立とう」とする私たちのことを憐れんですらいたのかもしれない。死にすら何らかの意味を与え、無駄な死なんてないと思い込もうとする心性を憐れむかのように、彼女は一人静かに死んだ——その死に意味を与えられることを拒否して。犬死に上等！

住まいをめぐるダブルスタンダード

２０１１年3月11日——「東日本大震災」が起きた日である。あれからもう10年がたった。それは、あまりにも多くのものを奪い去っていった。多くの人が家族や友人を失い、住む場所や仕事を失い、思い出も、昨日までの「当たり前」も失った。そのうえ、暴走を始めた原子力発電所は、近隣での生活のあり様を根本的かつ恒久的に変えてしまった。メディアは、そうした状況をセンセーショナルに報道し続け、多くのボランティアが「被災地」に向かい、数多の物資が届けられた。政府は「ただちに影響はない」とうそぶきながら、「被災地」の「復興」を強調し、被災地に留まる人びとのために仮設住宅の整備を進めた。他方で、子どもや自分の生（命）のために放射能を逃れて「移住」を決めた人たちへの支援や生活保障は相対的に軽視されてきた。そう、目指されていたのは放射能からの

「避難」ではなく「被災地」の「復興」なのだ。この種のダブルスタンダードが示しているのは、復興支援（＝経済活動の再建）と、生の保障（＝社会保障）のトレードオフ関係である。

仮設住宅の存在も、同様のダブルスタンダードのあらわれであると言えるだろう。自然災害により住宅を奪われた被災者に対しては、ほとんどの場合、仮設住宅が用意される――言うまでもなく、それは「仮設」であるがゆえに、必要十分な住環境とはとても言えないけれども。ところが、「家がない」という同じ困難を共有している野宿者に対しては、ほとんどの場合、住宅の保障はなされてこず、それどころか強制的に「家《ホーム》」を奪われてさえきた――路上で暮らす人たちの多くは、資本主義という恒常的で日常的な災害により家を奪われた「被災者」であるにもかかわらず。タネさんもまた、そうした被災者の一人であった。彼女の生は、生（命）より経済を優先させるような体制の中で、常に軽んじられてきた。だからこそ彼女は、そうした体制を嘲るかのように、誰より（ずる）賢く生き抜き、黙って犬死にしたのだ。

24時間働けますか

このような、生（命）より経済を優先させるような体制のことを「開発主義」と言う。それは、とりわけ高度経済成長期――寿地区が日雇い労働者で活気づき、タネさんが黄金町の青線でバリバリ働いていた頃だ――の日本において典型的に展開した資本蓄積体制である。他に例のないほどハイ・スピードだった日本の経済成長は、命より経済を重視する開発主義の下で成し遂げられたのだ。

この体制は、具体的には長時間労働を「美徳」とする日本型雇用システムによって支えられてきた。それは、一方で経済成長を促したが、他方で、労働者に――ときに「過労死」に至るほどの――長時間労働を強い、文字通りその生活／生命を犠牲にしてきた。バブル期には、このシステムの性質をよく表した栄養ドリンクのCMが誕生した――「24時間戦えますか」のキャッチフレーズで有名なアレである。ここで「戦う」とは「働く」の意であり、「24時間働けますか」と呼びかけているのである。そんなの無理に決まっているのだが、その無理を栄養ドリンクで乗り切ろうというわけだ。このばかばかしい呼びかけが、冗談ではなく本気として成立し得るのが、日本の長時間労働の現実なのである。

もちろん今日では、あの頃のような長時間労働は随分減った。それでも未だに毎年およそ200人が過労死ないし過労自殺しているし、日本の労働者の労働時間は相変わらず他国に比して相当長い。[※2]そのような中、長時間労働や過労死は次第に「社会問題」化され、少しずつ光が当てられるようになってきた。しかし、そこで忘れられがちなのが、こうした働き方は単独では存在できないという現実である。

「24時間働けますか」的な長時間労働は、そうした労働力の再生産を主婦が一手に引き受けることによって初めて可能になる。今日一日働いた人間が、明日も再び労働力商品として機能するためには、食事や休息、睡眠を通してその労働力を「再生産」すること――現役の労働力再生産――が必要だし、日本型雇用システムを体制として維持するためには、そうした労働力が将来的にも再生産されること――つまり子産み・子育て――が必要である。これらの再生産労働を不払いで担ってきたのが、主婦/女であり、彼女たちのシャドウワークこそが「開発主義」的な日本型雇用システムの前提にあったということだ。

要するに「開発」とは、その始まりからあまりにも家父長的なのである。それゆえ「再―開発」の名の下に遂行されてきたジェントリフィケーションも、単に階級的な暴力なのではなく、家父長的なそれでもあるということが理解されなければならないし、ジェントリフィケーションに対する抵抗もまた、反家父長制的でなければならない。次章では、そうした抵抗の試みを紹介したい。

※1 ここで家父長制とは、男性優位社会を維持してきた権力形態であり、男女間の不均衡な権力関係に基づく、男性による女性の支配形態を指す。

※2 ＯＥＣＤ（経済協力開発機構）が２０２０年にまとめた生活時間の国際比較データによると、15～64歳男性の平均有償労働時間（一日あたり）は、日本男性が４５２分と最も長く、ＯＥＣＤ全体の男性平均である３１７分を2時間以上上回っている。

差別の交差性（インターセクショナリティ）

あまりにも資本主義的で家父長的なジェントリフィケーションの暴力は、各地で、その土地に根差した人びとの暮らしやコミュニティを破壊し、街を「浄化」し続けてきた。しかし私たちが忘れてはならないのは、こうした暴力に対しては、常に抵抗があるということだ。歴史を振り返ってみると、そうした抵抗の代表的な形態は「占拠／スクウォッティング」であると言えるだろう。占拠というと、少し仰々しい響きを感じるかもしれない。けれども、日々の暮らしやささやかな文化を剥奪されないために、たとえば葉書を一枚書く、都市に庭を造る（アヴァン・ガーデニング）、あるいは踊る、といった行為もまた、占拠に連なる――ときにはそれ以上の強度をもった――一つの抵抗になり得るのである。

ロンドンのワーズ・コーナーで起こっていること

再開発／ジェントリフィケーションの進行は、単に建造物を造り替えるだけではなくそこに暮らす人の日々の暮らしやコミュニティを根こそぎ破壊し、土地に宿る息遣いを変えてしまう。したがって、それへの抵抗もまた、日々の暮らしやコミュニティ、あるいは暮らしに宿る文化や価値という要素を捨象しては捉えられないだろう。そしてそのような、日々の暮らしや文化、コミュニティを大切にすることと地続きであるような抵抗運動は、しばしば女性や移民といった、社会の中で周辺化された人びとによって担われてきた。だからこそ、そうした抵抗運動はしばしば、ジェントリフィケーションのもつ資本主義的側面だけではなく、その人種差別的側面や家父長的側面にも光を当ててきた。ここでは、ロンドンで生まれた、そのような抵抗の事例の一つを紹介したい。

ロンドン北部のハーリンゲイ区に位置するワーズ・コーナー（Wards Corner）は、古くからロンドンのラテン系コミュニティの中心地であった。もともと、移民の露天商が多く集められていたエドワード七世時代の（Edwardian）廃れた建物にちなんで、ワーズ・コーナーと名付けられたと言われている。なかでも「セブン・シスターズ・インドア・マーケット（Seven Sister's Indoor Market）」は、ロンドンで唯一のラテンアメリカ系マーケットとして知られ、ラテン系のショップやレストラン、カフェで賑わってきた。この地域は、ロンドンでも急速に進んでいる「再開発」を逃れて生き延びてきたが、２００４年に区の再開発計画が始動して以降、危機的状況に置かれてきた。住民たちはこれに対抗して、コミュニティを守るための闘いをずっと続けてきたが、２０１７年にいよいよセブン・シスターズ・インドア・マーケットが「再開発」の直接的なターゲットになってしまった。ハーリンゲイ区が、民間のディベロッパーであるグレインジャー（Grainger）によるこのエリアの再開発を認めるという決定を下したのである。

グレインジャーは、１９６ものアパートを新しく建設する計画を立てているが、その家賃は、現在ワーズ・コーナーに暮らす住民たちには到底手が届かないようなものである。そのうえ、個人商店のためのスペースは6ユニット分しか用意されておらず、これまでマーケットで生計を立てていた多くの人がその職を奪われることになる。これにより、この地域で長く生業を営み、暮らしてきた多くのラテン系住民たちが、強制的な立ち退きの危機に直面させられることになった。グレインジャーは「今のマーケットの文化や活気を維持する」というが、誰もそんなたわごとは信じないだろう。

ハーリンゲイ区とグレインジャーによるこうした暴挙に対抗して、このエリアにおける反ジェントリフィケーションの動きはますます激化していった。ちなみに、この原稿を書いている2019年10月に、この地域の商人たちが、ハーリンゲイ区の土地強制収用命令に対する闘いを高等裁判所に持ち込んだ——闘いは、現在進行形で続いているのである。

ロンドン・ラティンクスは、踊りながら、抵抗する

さて、こうした文脈の中で、このラテン系マーケットを守るための闘争に加わっていったグループの一つにロンドン・ラティンクス（The London Latinxs）がある。私が最初にロンドン・ラティンクスの存在を知ったのは、村上潔さん（立命館大学）を通してだった。村上さんは、原口剛さん（神戸大学）や北川眞也さん（三重大学）らと協働して「反ジェントリフィケーション情報センター」というウェブサイトを運営しており[※1]、このウェブサイト上で、ロンドン・ラティンクスによるジェントリフィケーションへの抵抗運動を詳細にレポートしてくれている[※2]（そんなわけで、詳細に興味のある向きはぜひそちらの記事もあわせてお読みください）。

さて、ロンドン・ラティンクスは、若いラテンアメリカ系アクティヴィストからなるインターセクショナルな草の根のフェミニスト・グループである——ちなみにラティンクス

とは、男女二元論に基づいたラティーノ／ラティーナ（スペイン語で、ラテンの男／女の意）に代わって、あらゆるジェンダーを含むものとして用いられるようになった用語である。彼女たちはもともと、反レイシズム、反セクシズム、反ホモフォビア、反トランスフォビア、反階級差別といった原則を大事に、主にラテンアメリカ系コミュニティが直面する様々な問題に対して、直接行動[※3]を中心とする運動に関わってきた。そして先述したラテン系マーケットが直面する危機を前に、本格的にジェントリフィケーションに抵抗する運動に関わり始めたのである。ロンドン・ラティンクスの創設メンバーの一人であるヴァレンズエラは、「ラテンアメリカ系コミュニティのためのスペースをロンドンに持つことは、私にとってとても大事なことだ。そこに行けば、自国で手に入るのと同じ商品や、同じ音楽、文化を見つけることができる」という。[※4]

彼女たちの抵抗運動の大きな特徴は、なんといっても「踊り」にある。そう、ラテン文化の象徴の一つであるサンバだ。それは、単なるストリートパフォーマンスや即興的な祝祭ではない。ワーズ・コーナーに集まったロンドン・ラティンクスのメンバーたちは、「ジェントリフィケーション？　ノーグラシアス（"Gentrification？ No gracias"）」と書かれた黒いTシャツを身に着け、サンバを踊りながら、ジェントリフィケーションへの抵抗を呼びかける。それは、政治的な抗議としての「踊り」なのである。前出のヴァレンズエラは言う――私たちは、私たち自身のエンパワメントのためにサンバを使う。祝祭のために、そして抵抗の一形態として。

ジェントリフィケーションに抵抗せよ！

私たちはここで叫ぶ：
ジェントリフィケーションに抵抗せよ
ラテン・ヴィレッジを守れ
ワーズ・コーナーを守れ
私たちラティンクスのセーフ・スペースを守れ
ハーリンゲイ区に残された最も大切なコミュニティ・スペースを守れ

ジェントリフィケーションは人種差別的である。

新たな再開発は、白人の消費者／住人にとって魅力的なショッピング・モールを作るために、このマーケットを破壊しようとしている。

ジェントリフィケーションは家父長的である。マーケットの商人の80%以上は、黒人の／ラテンアメリカ系の女性であり、彼女たちの経済的エンパワメントはジェントリフィケーションによって低下させられるだろう。

ジェントリフィケーションは階級差別的（classist）である。すべての商人はラテンアメリカ系かつ／もしくは黒人であり、かれらの唯一の収入源はジェントリフィケーションによって奪われるだろう。そしてそれは、移民世帯に大きな影響を与えることになるだろう。

ジェントリフィケーションは反コミュニティ的である。その影響は商人だけでなく、私たちが文化や連帯、相互扶助やケアを称揚するために残してきた唯一のセーフ・スペースにも及ぶだろう。

ジェントリフィケーションに抵抗せよ！

これは、ロンドン・ラティンクスが、ワーズ・コーナーのジェントリフィケーションに対する抗議行動のために発表したアピール文である。※5 これほどシンプルで核心をついた反ジェントリフィケーションのメッセージがあるだろうか（いや、ない）。

ところで、なぜフェミニスト・グループである彼女たちが、反ジェントリフィケーションの運動に与するようになったのか不思議に思う向きもあるかもしれない。というのも、これまでジェントリフィケーションは、ジェンダーにかかわるものとしてというよりはむしろ、階級や人種にかかわるものとして問題化されてきたからである。とくにヨーロッパでは、階級と人種の問題は交差しており、階級差別はしばしば移民の排斥／ヘイトと連動してきたし、都市部の「再開発」の過程で街が「浄化《クレンジング》」されるとき「退出《エヴィクション》」を迫られてきたのは、労働者階級の人間であり、人種的マイノリティや移民であった。しかしそれは物語の一面に過ぎない。何度でも繰り返して言うが、ジェントリフィケーションは、人種差別的で階級差別的であるだけではなく、家父長的で反コミュニティ的でもある。もとより〝インターセクショナル〟なフェミニストとして運動に関わってきたロンドン・ラティンクスは、その点をよく理解しており、だからこそジェントリフィケーションにフェミニストとして抵抗したのである。

インターセクショナリティ（交差性）の視点

「インターセクショナリティ（Intersectionality）」は、しばしば「（差別の）交差性」と訳される。[※6] この言葉を最初にフェミニズムに持ち込んだキンバリー・クレンショー（Kimberlé Williams Crenshaw）は、ブラック・フェミニズムの運動＝思想を背景に、従来のフェミニズムが「性差別」を問題化するとき、それは「白人の、中産階級の、女性」を念頭に置いたものに過ぎなかったこと、そして、黒人の、あるいは労働者階級の女性の問題を理解するには、インターセクショナリティ（交差性）の視点が欠かせないと指摘した。[※7] この視点が示唆しているのは、人種差別や性差別は、それぞれ単独で存在しているわけではなく、密接に絡み合っているということである。同じ女性でも白人女性と黒人女性ではその経験は異なり得るし、同じ黒人でも黒人男性と黒人女性ではその経験が異なり得る。にもかかわらず、性差別に反対する思想＝運動が白人女性中心で展開され、人種差別に反対する思想＝運動が黒人男性中心で展開されてしまうと、黒人女性の経験はいずれからも取りこぼされ不可視化されてしまうことになる。さらに同じ黒人女性であっても階級的な位置付けによってその経験は異なり得るし、セクシュアリティや障害等によっても異なり得るだろう。このように、現実には、人種やジェンダー、階級、セクシュアリティ、障害などをめぐる複数の抑圧が互いに交差し、差別と従属の構造が形づくられているのである。

ここで注意すべきは、インターセクショナリティの視点は、複数の差別を合算していくような「足し算」方式では理解できないということである。たとえば、黒人女性は、黒人として人種差別を経験し、それに加えて女性として性差別も経験する、というように二つの別々の差別を両方経験しているわけではない。そうではなくて、黒人女性としての差別を経験しているのであり、それは黒人男性の経験とも白人女性の経験とも決定的に異なるのである。インターセクショナリティの視点が教えてくれるのは、差別を単純化・標準化することは単に危険であるばかりではなく、誤りである、ということだ。当たり前だが、人は一人一人異なる。同じ女性であっても、あるいは同じ黒人であっても、差別の経験はそれぞれに異なり得るのである。

イギリス社会の中で、ラテンアメリカ系の女性/クイアとして生きてきたロンドン・ラティンクスのメンバーたちは、この差別の交差性を経験的によく理解していたと考えられる。だからこそ草の根のグループとして〝インターセクショナル〟であることを当初から重視してきたし、ラテン系コミュニティが「再開発」の危機に直面した際にも〝インターセクショナル〟な視点で、これを問題化することができたといえよう。

ジェントリフィケーションの問題を考えるとき、階級の視点は非常に重要であるが、それは同時に、移民や女性等、社会の中で最も脆弱《ヴァルネラブル》な人たちを最も攻撃するものでもあるということを忘れてはならない。しかしだからといって、攻撃された側はただ黙っているわけではない。ロンドン・ラティンクスのたたかいは、最も脆弱な立場に置かれた人たちだからこそそのユニークな抵抗のあり方——たとえば「踊り」のような——があるということ、日々の暮らしと地続きで生まれる抵抗があるということを、私たちに教えてくれる。

※1 反ジェントリフィケーション情報センターＨＰ（https://antigentrification.info/）。世界中の、ジェントリフィケーションやそれへの抵抗運動に関する情報が共有されている。

※2 以降の「ロンドン・ラティンクス」についての記述は、次の記事に多くを負っている。「ロンドンの若きラテンアメリカ系フェミニストは『ジェントリフィケーションに抵抗せよ！』と叫ぶ」／村上潔（反ジェントリフィケーション情報センター　https://antigentrification.info/2017/07/02/20170701mk/　２０１７年７月１日）

※3 直接行動とは、なんらかの政治的な目的を達成するために直接的に行動することを指し、デモのような間接的な抗議行動とは区別される。スクウォッティングのような「不法」占拠は、その典型である。

※4 “Meet the women dancing to save London’s Latin Village”／Sirin Kale（The Guardian https://www.theguardian.com/lifeandstyle/womens-blog/2017/sep/27/meet-thewomen-dancing-to-save-londons-latin-village　２０１７年９月27日）

※5 The London Latinxs の Facebook ページより［筆者訳］（https://www.facebook.com/thelondonlatinxs/posts/1473543522718579　２０１７年４月９日）

※6 実は、ここで取り上げるインターセクショナリティ論と、一部でふれたマルクス主義フェミニズムとは、ときに対立するような微妙な関係にある。たとえば、インターセクショナリティ論の立場からは、再生産労働を重視するマルクス主義フェミニズムは、ケアする側にばかり焦点化し、ケアされる側の視点を欠いており、それがたとえば障害者や病者のような資本主義にとって「有用」とはみなされない存在に対する差別と暴力に加担してしまうのではないか、という批判がある。一方、マルクス主義フェミニズムの立場からは、インターセクショナリティの概念は、「多様性」等の概念と同様、ネオリベラル資本主義と親和的で、より根源的な問題である家父長的資本主義そのものを問い直す姿勢を弱めてしまう、という批判がある。本書では、この両者の対立ないし微妙な関係について、これ以上立ち入ることはできなかったので、今後の宿題とさせていただきたい。ここでは、（１）いずれの立場からの批判も、やや単純化された理解に基づくものであるように思われるということ、そして、（２）両者ともに、現実には階級やジェンダー、人種やエスニシティ、障害やセクシュアリティをめぐる複数の抑圧と分断が存在していることを捉え、それを問題化しようとしている点は共通しているということ、（３）フェミニズムにとってはおそらく、両者の対立よりも交差を探ることの方が重要であろうということ、この三点についてのみ指摘しておきたい。

※7 Crenshaw, Kimberlé, “Demarginalizing the Intersection of Race and Sex: A Black Feminist Critique of Antidiscrimination Doctrine, Feminist Theory and Antiracist Politics” University of Chicago Legal Forum, Volume 1989, Issue 1, Article 8, pp.139-167.

路上のホモソーシャル空間

タネさんとの出会いをきっかけに（「クレンジングされる街で」参照）、私は路上に、そして路上のコミュニティに、出入りするようになった。野宿をしている人たちの「運動」に足を突っ込んだり、野宿をしている人たちを「支援」する活動に関わったり、自分もただ野宿してみたり。次第に、自由で、人間の生＝労働の臭いの充満する路上の雰囲気に魅せられ、私的な時間のほとんどすべてを路上で過ごしていたような時期もあった。けれども私は、どうしても、一つの場に長く留まることができなかった。寿（横浜）の他に、新宿や山谷、そして夏休みの間は釜ヶ崎（大阪）まで足をのばしたりなんかして、とにかくフラフラしていた。フラフラしていたので、タネさんと築いたほどの親密な関係を、路上を生きる特定の人と築くことはほとんどできなかった。「運動」の担い手としても中途半端だったし、いつでも頼れる「支援者」にもなれなかった。むろん路上の「仲間」にもなりきれなかった。

「生活保護《フクシ》、受けられないかな」

私は、どうしようもなく路上に魅かれながら、とうとう路上のコミュニティにホーム感(そこが自分の居場所であるような居心地のよさ)を覚えることができなかったのである。私はそのことについてずっと、どこか後ろめたく思ってきたし、フラフラしてばかりで落ち着きのない自分を、ふがいなく、情けなく、恥ずかしくすら思っていた。本当は、一つの場所に留まって、路上の仲間と一緒に地に足のついた活動をしたり、ともに生きたりしたかった。でも、どうしてもできなかった。だけど、それは本当に、私のふがいなさだけに起因するのだろうか？　そんな気持ちもどこかにあった。

新宿で野宿していたヤスオさんは、いつも青いキャップをかぶっていた。歯がボロボロで、上の前歯にも下の前歯にも欠けがあった(野宿の仲間たちにも「歯抜け～」とよくからかわれていた)のだけれど、そんなことは意に介さずに、いつも口を大きくあけて、ガハガハと気持ちよく笑う人だった。ヤスオさんの根城は新宿西口の路上で、私はその頃新宿南口でティッシュ配りのアルバイトをしていた。そんなこともあって、私とヤスオさんはたまに新宿の路上でお喋りするようになった。ヤスオさんは各団体の炊き出しの味のランキングを発表し、私はアルバイト先の愚痴を大袈裟に披露したりして、笑ってばかりいた。ヤスオさんはとても陽気で、同時に、誰よりも深く大きな寂しさをいつも抱えて生きている人だった。

凍てつく寒さの冬のある日、風邪をこじらせすっかり弱気になって毛布にくるまっていたヤスオさんに、ホットの缶コーヒーをねだられた。ヤスオさんに何かをねだられるのは初めてだった。私はヤスオさんのために近くの自動販売機に走った。自分の好みで無糖のブラックコーヒーを買って届けると、砂糖入りのミルクコーヒーを欲していたヤスオさんから酷くなじられた。「だったら、最初に言えよー」と心の中で舌打ちしつつ、結局、もう一度自動販売機に戻って砂糖入りのミルクコーヒーを買いなおし、ヤスオさんに手渡した。その夜、私とヤスオさんは、それぞれ無糖のコーヒーと砂糖入りのミルクコーヒーを飲みながら、いつものように日常の情けないことを笑い話に変えて、ただ喋り続けていた。缶コーヒーもカラになった頃、ヤスオさんが聞き取れないほどの小さな声で、こう言った

——生活保護《フクシ》、受けられないかな。

ヤスオさんには軽度の知的障害があった。小さな頃に生き別れた親については、その顔も覚えていないという。学校にも「まったくついていけない」し、「まともなシゴト」にもありつけなくて、10代の頃から、たった一人で、法に触れるか触れないかギリギリのこと（というか、まあ、ギリギリ「アウト」なこと）なんかをしながら、しのいできた。刑務所に入ったことも何度かある。刑務所での暮らしについて、「飯もうまいし、暴力のないときは天国やった」と歯抜け顔でよく話してくれた。「ワルイこと」をたくさんしてきたヤスオさんだけど、「フクシだけは受けたくない」と常日頃言っていた。ヤスオさんにとっては、「フクシを受けること」の方が、法スレスレ（というか、アウト）で生きていくことよりもずっと「ワルイこと」であり、「ダサイ」のだ。そんなヤスオさんが、消え入りそうな声で、フクシを受けられないかとたずねている。事件だ。

私はすぐに動くことにした。翌日は日曜で福祉事務所がお休みだったので、翌々日の月曜の朝、新宿西口で待ち合わせて、ヤスオさんと一緒に歌舞伎町にある福祉事務所へ向かった。いつも陽気でお喋りのヤスオさんが、福祉事務所までの15分ほどの道中、ほとんど一言も発しなかった。足取りも重い。沈黙の中、私たちは福祉事務所に着いた。さあ、いよいよ生活保護を申請するぞ！　と心の中で息巻いていた私の勢いを制するかのように、ヤスオさんが静かに言った——「ありがとう。もう帰ってくれ」。びっくりした。鳩が豆鉄砲を食ったような顔というのがあるとしたら、そのとき私はちょうどそんな顔をしていたはずだ。いつもヘラヘラ笑っているヤスオさんが笑っていない。歯抜けも見えない。強い意志を感じて、私は一人、帰ることにした（あーあ、このためにバイトずる休みしたのにな）。

誰にも言えない〝軽率な〟ふるまい

ヤスオさんから電話があった――「フクシ、受けられるっぽい」。私は、福祉事務所の窓口で、ヤスオさんが強がったり、わからないことをわからないと言えないままキレたりして、生活保護の申請がうまくいかないかもしれないと心配していた。だがそれは、ヤスオさんを軽んじるような、恥ずべき私の勝手な思い込みに過ぎなかった。ヤスオさんは、一人でフクシを勝ち取ってきた。これまでもずっとそうして生きてきたように、たった一人で。しばらくしてヤスオさんは、生活保護を受給しながら寮で暮らすようになった。路上にいた頃と違い、自分の自由になるカネが（ほんの少しだが）出来た。けれどもヤスオさんは、生活保護を受けるようになってからも、都内であれば大抵のところには電車に乗らずに歩いて出かけていたし、ご飯時にはちゃっかり炊き出しの列に並び、引き続き馴染みの店から廃棄の食材をもらったりもしていた。路上のコミュニティや文化こそが、ヤスオさんの世界であり続けた。もしかしたら、路上や刑務所で暮らしていた期間が長く、カネをどのように使ったらよいかわからなかったのかもしれない。

寮に入ったヤスオさんから、頻繁に電話がかかってくるようになった――「カネ入ったし、今度奢るよ」と。その頃私は、貧困問題や対貧困政策について少しずつ学び始めていたこともあって、ヤスオさんが生活保護から受け取れる額が決して多くはないこと、にもかかわらずそのカネの大半は、部屋代や食事代、設備維持費等の名目で寮に流れていること、このためヤスオさんの自由になるカネはほとんど残らないことを知っていた。だから私は、自分も貧乏ではあったけれども、奢ってもらおうという気持ちにはおいそれとなれず、「また今度」と適当に繰り返していた。ヤスオさんの大事なお金は、ヤスオさん自身の幸福《フクシ》のために使ってほしかった。しかしヤスオさんは譲らない。どうしても「奢る」という。もしかしたら、そうすることがヤスオさんを幸せにするのかもしれないと思い直し、私はヤスオさんの厚意に甘えて、モスバーガーに行く約束をした。思えば誰だって、たとえば友人の誕生日にご飯を御馳走することに幸せを感じるものだろう。

モスバーガーで初めてヤスオさんにポテトとウーロン茶を奢ってもらう。ヤスオさんは、歯抜け顔をピカピカさせながら、自分で発したダジャレに自分で大笑いしている。山盛りのポテトを堪能しながら、私たちは、いつものように笑っていた。その日の夜、ヤスオさんから電話がかかってきた――「また今度、奢ってやるよ」。

これ以降、ヤスオさんからほとんど毎日電話がかかってくるようになった。内容はいつも「また今度、奢ってやる」という話で、なんでもない笑い話はほとんどしなくなっていた。たびたび路上で会うこともあったけれど、私はもう、かつてのようにヤスオさんとのお喋りを楽しめなくなっていた。だって、なんだかエラそうなのだ。奢ってやったんだから、断るわけないよな、というテンションで迫ってくる。私の目には、ヤスオさんが、カネの力にモノを言わせて女に言うことを聞かせようとする男のように映っていた。私はいつのまにか、ヤスオさんを避けるようになっていった。

桜が散り始めた頃、久しぶりにヤスオさんから電話がかかってきた。私を好きだという。私は、思いもよらない告白に動揺しながら、ヤスオさんのその気持ちには応えられないことを伝えた――「でも、ありがとう」と。するとヤスオさんが、突然キレた――「てめえ、ふざけんな！　人に奢らせといて何様だ！」電話越しに、怒鳴り散らしている。私をアバズレと罵り、「殺す」と言っている。私は、ヤスオさんの怒鳴り声を初めて聞いて、声が出なくなってしまった。その日を境に、（少なくとも私の目に映る）ヤスオさんが、あるいはヤスオさんと私の関係性が、はっきりと変わった。

私はこのことを誰にも言えなかった。話したとしても、周りの「支援者」や「活動家」からは、私の〝軽率な〟ふるまいを非難され、私がふるまいを改めるように説諭されるのが関の山だろうと直観的に理解していたからだ。なにより私自身が、自分のふるまいが〝軽率〟で配慮に欠けたものだったのではないかと自責の念に駆られていた。苦しかった。でもそんな苦しみは、ヤスオさんが生きてきた苦しみに比べれば大したことではない、と自分に言い聞かせていた。自分が屋根のある暮らしを送り、ヤスオさんが屋根のない暮らしを送ってきたことの不均衡を呪った。だから私のように屋根のある暮らしを送ってきた者は、ヤスオさんからこうした扱いを受けることを甘んじて受け入れなければ、と。今思えば本当に小さなことなのだけれど、この頃の私にとっては大問題だった。小さなコップの中にいるのに、まるで大海に放り出されたかのような感覚の中、溺れないように必死でもがいていた。

多くの女性にとっての日常的な経験

路上でのヤスオさんは、どちらかというと「いじられキャラ」で、いつも周りのおじさんたちにからかわれていた。ヤスオさんは、どんなときも穏やかで、からかわれているときもヘラヘラ歯抜け顔で笑って応えていた。それがヤスオさんの路上における生存戦略だったのだろう。誤解を恐れずに言えば、私が出会った野宿者／野宿労働者のおじさんたちは、大概マッチョだった。自分たちが担っている／きた労働――鳶のような花形から、立ちんぼのような地味なシゴトまで――に誇りを持っていたし、労働者性が自己を成立させているようなところがあった。酒を飲み、ときに荒々しくふるまい、女を下に見ることがあった。私は、かれらが築いている空間のもつ独立した雰囲気に憧れながら、同時にその空間における自分の位置付けを認識していた。路上コミュニティは、（少なくとも私にとっては）男たちのホモソーシャルな空間であり、そこにいるときの私は常に小さな緊張と居心地の悪さを感じていた。その中で、歯抜けのヤスオさんだけが、緊張を伴わずにお喋りできるたった一人の男性だったのだ。

「殺す」と言われて以降、私は、なぜもっと適切にふるまえなかったのかと自分を責め、ヤスオさんに「殺す」と言わせてしまったことに申し訳なささえ感じていた。しかし同時に私は、ヤスオさんに大きな恐怖を感じてもいた。その恐怖心は日を追うごとにどんどん膨らんでいき、気付けばヤスオさんを避け、ヤスオさんの根城である新宿の地区を避けるようになっていた。そうして私は初めて、なぜ自分が、路上のコミュニティに魅かれながらも、一つの場所に留まり続けることができなかったのか、気が付いた。私は、路上を生きる男性にときに「恐怖」を感じ、常に一定の距離を保とうとしていたのだ。ホモソーシャルな路上空間において、女である私は常に、軽んじられ、ときに性的な対象として眼差されてきた。そこにいる限り、そうした眼差しから逃れられず、いつまでも「安心」なんてできなかったのだ。

ようやく私は、認めたくなかった事実を受け入れた。ああ、私はナメられていたんだ。多くの野宿のおじさんと同じように、ヤスオさんも私のことを下に見ていた。ただそれだけだ。それはおそらく大部分、私が若年の女で、ヤスオさんが中年の男であることに由来するものだったのだろう。しかし同時に私は、ヤスオさんがフクシの申請に一人で行くといったとき、一人では無理なんじゃないかと心配していたことを思い出さずにはおれない。私だってヤスオさんを下に見ていた。穏やかなヤスオさんはまた、マッチョな路上の仲間たちにも軽んじられていた。しかしヤスオさんを下に見ていた野宿者もまた、非―野宿者から常に下に見られている。おそらく非―野宿者であった私自身もそうした眼差しを内面化していたからこそ、ヤスオさんを軽んじることもあっただろう。差別とは、そういうものである。複層的で、横断的で、一見すると見えづらいものの、あらゆるところに、常に、網の目のようにひそんでいる（私自身にも）。そして誰も被差別者になんてなりたくない。だから差別されている本人でさえ／本人であるからこそ、そうした差別を認識することが容易ではないのである。

私がヤスオさんとの関わりの中で経験したことは、実際には、ヤスオさんとの間に限られたことでも、そして路上コミュニティに限られたことでもない。それは私にとって、そしておそらく多くの女性にとっての、日々の、日常的な経験なのである。そして、こうした経験から生まれてきたのが、セーファースペースというアイディアである。誰にとっても差別のない空間なんてありえないのかもしれない。けれども、コンフリクトが生じたときに、それをきっかけに創造的な空間を築くことだってできなくはないだろう。そうした試みの一つが、セーファースペースだ。次章では、このアイディアが提起することについて考えてみたい。

夜を歩くために

私の身体に勝手に触るな

彼女はある夜、旧知のバンド仲間に会いにニューヨークを訪れた。その男性と共に夜道を歩きながら、安心してくつろいだ気分で、たわいもないお喋りに興じていた。よき夜。ところが突然、その気分を台無しにされる出来事が起きる。通りすがりの男がいきなり彼女の尻を掴んできたのだ。彼女は咄嗟に、「私の身体に勝手に触るな、クソ野郎！」と怒鳴りつけたものの、隣を歩いていた友人はのらりくらりとごまかし、彼女の味方をすることも、一緒に怒鳴ってくれることもなかった。この出来事は、彼女にとって自身の「安全」について考える一つのきっかけとなっていく。この種の暴力は、ディテールの違いはあれど、あらゆる場で、多くの女性が経験していることではないだろうか。

アメリカにおけるミソジニー（女性嫌悪）と闘ってきた、フェミニスト・ハードコアパンクバンド“War On Women”のボーカル、ショーナ・ポッター（Shawna Potter）は、ニューヨークの夜道で自身の身に起こったこの出来事をきっかけに、（たとえば突然、尻を掴まれるというような）性暴力や、その背後にある差別や抑圧といった問題について、より一層考えるようになった。考えてみれば、この種の問題は、夜道に限らず、日常のあらゆるシーンにありふれているのではないか。そうして彼女は、これらの問題に向き合う中で、セーファースペースの必要性を訴えるようになる。

セーファースペース（Safer Space）とは、差別や抑圧、あるいはハラスメントや暴力といった問題を、可能な限り最小化するためのアイディアの一つで、「より安全な空間」を作る試みのことを指す。ポッターは、自分の身に起こったこと／経験に基づいて、まずは、自身の活動の場であるライブハウスにおいて、セーファースペースの取り組みを始める。多くのライブハウスに出張し、セーファースペースに関する数多のワークショップも企画した。さらに、これらの経験を基に本を書き上げ、多くの人にこのアイディアをシェアし続けている。※1 ポッターは、これら一連の活動を通して、ライブハウスを中心とした文化施設や商業施設、公共空間等、私たちの日常にある、あらゆる場におけるセーファースペースの必要性を訴えているのである。

社会運動とハラスメント

実は、このセーファースペースというアイディアは、もともと社会運動の場から生まれたものである。社会運動と聞くと、抑圧されている人たちの暮らしをよりよくするため、あるいは社会をよりよく変えていくため、といった、社会正義の理念を大事に行動している場だから、差別や抑圧、ましてや暴力など存在しないはずだ、と思われることもあるかもしれない。けれども社会運動だって、社会の中で展開される以上、社会における権力関係や支配的な価値観から自由でいられるわけではないだろう——それはちょうど、わたしたちの誰一人として、それらから自由ではいられないことと同じである。実際、残念ながらこれまでも、社会正義の追求を掲げた活動の内部において、ハラスメントや性暴力についての告発が繰り返し行われてきた。

けれどもそれらは、社会運動以外の場——たとえば職場や学校など——で生じる場合と比べて、不可視化されやすいという問題がある。栗田隆子は、〈運動〉内部における性暴力／差別問題等について、「内部の分断をもたらす等といった理由で公に語ることはタブーとされがちである」と指摘している。※2 いま思えば、私がヤスオさんに「殺す」と言われたとき、周りの〈運動〉関係者にこのことを一度も相談しなかった／できなかったのも、栗田がいうように「タブー」とされるだろうと考えていたからだと思う。しかし同時に、〈運動〉の場で生じるこれらの問題をなかったことにせず、皆で向き合い、解決していこうというセーファースペースの試みもまた、〈運動〉の場から生まれてきたものである。

「安全な」ではなく「より安全な」

セーファースペースのアイディアは、WTOやIMF、G8等に象徴されるグローバル資本主義体制に反対する「反グローバリゼーション運動」が広がりを見せた2000年代に、〈運動〉内部で様々に模索され始めた。※3 たとえばG8サミットのような重大な会議が開催されるとなると、世界中から活動家が開催地に集まってきて共闘することになる。そのため、場合によってはスクウォッティングやDIYでキャンプ設営等をして、活動家たちが一定期間共に寝泊まりし、共に生活できるようなスペースを準備することも運動の一環として行われるようになった。当然そこには、同じような志を持っているとはいえ、ジェンダーや階級、エスニシティや言語、セクシュアリティ等において、様々に異なる社会的背景を持つ人たちが一堂に集まることになる。そうして異なる他者と空間を共有する中で、偏見や差別に基づくハラスメントや暴力が問題化することもあった。

その典型の一つが性暴力であり、セーファースペースの試みは、とりわけ性暴力の問題を運動コミュニティ内でどうやって解決していくか、ということを模索する中で取り組まれ始めたものなのである。ここで、「安全な（safe）」ではなく「より安全な（safer）」という比較形容詞が用いられているのには、いくつかの意図が込められている。第一に、すべての人がいつでも安心できるような完全に安全な空間など存在しないということ、そして第二に、だからといって「じゃあ、無理だ」と諦めてしまうのではなく、それでも〝より安全な〟空間を共同して作り続けていくということ、である。セーファースペースとは、様々な社会的背景を持つ人が集まる場において、互いを出来る限り尊重し、暴力や差別を最小化し得る空間を構築していくための、終わりのないプロセスなのである。

あなたの、わたしの、特権は何だろう？

ここで注意すべきは、セーファースペースとは、全体から隔離された〝部分〟として設けられるような「避難所」や「駆け込み寺」のような場所ではない、ということである。つまりそれは、たとえば女性専用車両のように、より安全な空間を全体（の車両）と区別して部分的に設けるということではなく、すべての車両を〝より安全な〟空間にしていく、〈運動〉の場全体を〝より安全な〟空間にしていく、そのための挑戦であるということだ。それゆえ、セーファースペースのアイディアは、その場全体を、そこにいる誰もがより安全でいられる空間にするために、共有すべき方向性やルールやポリシーの作成を要請する。

以下では、そうした試みの一つとして、フレア・イン・ザ・ヴォイドによるセーファースペース・ポリシーを紹介したい。フレア・イン・ザ・ヴォイド（F.L.A.R.E. in the Void）とは、2007年にシドニーで開催されたAPEC首脳会議に対する抗議行動にあわせて持たれた集まりである。[※4] 以下は、その場で共有された「より安全な空間のポリシー」[※5]前文の一部である。

わたしたちは協働してスペース（人びとの関係によって創られる場／空間）を創っていきたい。安全だといえるスペースを。わたしたちの物語と経験を、わたしたちの痛みと怖れを互いに尊重し認め合うスペースを。わたしたちのもっている特権を問い直し、そしてわたしたちの関係性と交流において抑圧、攻撃、周縁化、不平等のない世界に向けて生きるためのスペースを開きたい。これはサバイバーを中心に据えたスペースなのです。

（中略）

このラディカルな空間創出の作業と並行して、わたしたちは自分の持っている特権を問い続ける必要があります。あなたの持つ特権があなたのまわりの人びとにどういった影響をもたらすのだろうかと。あなたはしゃべりすぎていないか？　あなたは議論を仕切っているミドルクラスの男か？　女の上に立ちはだかる男か？　しゃべりすぎている高学歴の女か？　まわりを見回して、誰の声が聞かれていないのかを考えてほしい。他の人がしゃべることのできる空間を開く努力をするのかどうか、それはあなた次第なのです。

（中略）

わたしたちがここに集まったのは、スペースを共有し、わたしたちの出来ることと出来ないことのすべてを認識し、共に生きる方法を見出すためです。わたしたちは、これまでその声を聞き取られてこなかった人、存在しないことにされてきた人、忘却されてきた人たちのための空間、そして、コミュニケーション（言語／理解）の違いが切り捨てられないような空間を作るためにここに集まったのです。

（後略）

以上のような前文に続いて、16項目にわたる具体的なポリシーも示されている。項目のみ列挙すると、「より安全な空間とは何かについての5項目」「より安全な宿」「DIY育児」「集会スペースと宿泊スペースのアクセス」「警察についてのポリシー」「私服警官と治安について」「苦情対応委員会」「苦情とは何か？」「理解と尊重」「相手を尊重しない態度」「情報について」「より安全な空間／セーファースペースについての補遺」「他者の空間の尊重」「性／ジェンダー、人種、セクシュアリティ、階級、年齢、能力、宗教、親であること」「受け入れること」「コミュニティについて」となっている。これらの具体的なポリシーからも読み取れるように、セーファースペースとは、階級や人種、ジェンダー、セクシュアリティ等が異なる人たちが、互いに尊重し合う空間のことを指す。そこでは、社会的な関係性や地位に基づいた差別や抑圧、排除／周辺化、ハラスメントや暴力は容認されない。

　また、セーファースペースとは、差別や暴力の「サバイバーを中心に据えた」空間であり、それゆえ、これまで「その声を聞き取られてこなかった人」、「存在しないことにされてきた人」そして「忘却されてきた人」たちのための空間である。そこでは、次のようなことが問われるだろう。あなたが議論に熱くなっているとき、静かに言葉を飲み込んでいる人が隣にいないだろうか。〈運動〉にコミットしていないように見える人を糾弾する前に、その人には〈運動〉にコミットしない／できないなんらかの理由――たとえば、そのための時間やお金がなかったり、〈運動〉内で暴力被害の経験があったり、等――があるのかもしれないということを想像できているだろうか。〈運動〉の場において、拳を振り上げて権力に対峙したり、口角泡飛ばして誰かを論破したり、「政治的に正しい」論理を振りかざしたりすることは常に必要なことなのだろうか。むしろそうしたふるまいが、別の誰かや異なる表現のあり様を抑圧／排除している可能性もあるということを常に振り返ることこそが必要なのではないか。

　ここで重要なのは、そのような空間を作っていくという営みは、わたしたちに、他者の行為や特権と共に、自分自身の行為や特権についての反省を促し、継続的に問い直していくことを要求するものだ、ということである。もしわたしたちが〈運動〉の場において、あるいは社会のどの場においても、そこにハラスメントは存在しないと考えているのだとすれば、それは、自分は知らないで済む立ち位置（特権的な立ち位置）にいるということに過ぎないのである。しかし残念ながら、私たちは往々にして、他者の特権については敏感である一方、自分自身の特権については無自覚なものである。[※6] セーファースペースの試みは、そのような私たちに対して、自身の特権についてあらためて考えることを要請するのである。あなたの、わたしの、特権は何だろう？

ポッターは言う。セーファースペースは別に〝ラディカル〟なアイディアではない。「正しい」〈運動〉のシーンに特権的に与えられるものでもない。「なんでもありの無法地帯」か、「ビッグブラザーが認めていないことは何も発言できないような、厳しく統制されたジョージ・オーウェルの世界」か、そのどちらかしかない、と二分法的に考えるのは間違いであり、両者の間には多くの余地がある。セーファースペースの試みはオーウェルの世界の追求ではない。それは、ありのままでいるだけで嫌がらせや暴力の対象となってしまうような人たちの尊重と自律をただ促進する、ということに過ぎないのだ、と。[※7] 私たちはいつだって、そして日常のどこにでも、「セーファー（より安全な）」空間を作り出すことができるのだ。

※1 Potter, Shawna "Making Spaces Safer" AK Press, 2019.

※2 栗田隆子『ぼそぼそ声のフェミニズム』（作品社、２０１９年、１８８頁）。

※3 日本でも、２００８年のG８サミットの際に、これに反対する人たちによって設営された豊浦・壮瞥キャンプで「Safe Space プロジェクト@キャンプ by Feminist + Queer Unit」というチラシが全員に配られており、セーファースペース作りが模索されてきた。

※4 詳細は、catbloc「ＡＰＥＣ戒厳令下シドニーのアナキストたち――排除への抵抗、自律的空間への協働」（『アナキズム』第10号、２００８年、79-97頁）を参照されたい。なお、本稿の以降の記述の多くも、この論文に依拠していることを記しておく。

※5 なお、このポリシーの全文の翻訳は、『「セーファースペース」のこころみ――問うこと・問われること・支援することに開かれた運動の場を求めて』というＺＩＮＥ内の以下の記事に掲載されている。「シドニーのアナキストのセーファー・スペース・ポリシー―Safer Space Policy at F.L.A.R.E. in the Void―」（catbloc訳）。一部改訳。

※6 私自身の特権をめぐる経験についてはII部で論じている。

※7 "Shawna Potter knows 'Safer Spaces' aren't a radical idea" ／ Victoria Wasylak（Vanyaland https://vanyaland.com/2019/05/16/shawna-potter-knows-safer-spaces-arent-a-radical-idea/　２０１９年５月16日）

To the memory of my friend Mitsuko Miyashita

おわりに

本書は期せずして私の初めての単著ということになる。それがいわゆる学術書ではないことは、むろん学者としての私の怠慢によるものである（し、おそらくアカデミアの世界では望ましくないことなのだろう）が、同時に、私にとって必然のことであったようにも思う。人生にターニングポイントがあるとしたら、私のそれは間違いなくタネさんとの出会いだ。寿で野宿をしていたタネさん。彼女に出会っていなかったら、私には書きたいことなど何一つなかったかもしれない。本書をまとめている間、ずっと頭の片隅にあったのは、タネさんのことだった。タネさんならなんて言うだろう。タネさんならどう感じるだろう。タネさんなら……。その意味で本書は、タネさんに向けた私信のようなものでもあり、それは学術書という形態では決して書くことができなかったと思う。

タネさんが私に教えてくれたのは、家父長的な国家と資本主義による猟奇的な暴力と、それらに抵抗することの困難と美しさ、そして日常的で具体的な抵抗の技法や身ぶりであった。タネさんは、私が最初に出会った魔女だった。魔女とは、資本主義的秩序を転覆しようとする者である。資本主義は、これまでもこれからも、階級やジェンダー、人種やエスニシティ、障害やセクシュアリティをめぐる分断を維持／強化し続けるだろうし、国家もまたそうした分断を通して私たちを統治し続けるだろう。そして魔女狩りは、形を変えて今日も続いている。しかし、私たちは知っている。1912年にローレンスで結集した移民女性労働者たち、1970年代のマルクス主義フェミニストたち、そして、現代のネオリベラルな資本主義に抵抗する者たち――時代や地域を超えて生きる魔女は、今日もまた、世界中のどこかでストライキをし、「パン」と「バラ」を要求し、そうすることで資本主義的秩序の転覆をはかっている、ということを。私たちは、いつだって、タネさんと共に魔女になれるということを。

最後に、お礼を言わせてください。すべての名前をここで挙げることはできないけれど、タネさんをはじめ、何人もの友人との関わりの中でこの本は生まれました。遅筆な私に定期的に文章を書かせるために、連載という形での執筆を提案し、執筆期間中ずっと、折々に叱咤激励してくれた丹野未雪さん。数年にわたる連載の機会、そして一冊の本にまとめる機会を与えてくれた宮川真紀さん。怠け者の私は、伴走してくれたのが丹野さんじゃなかったら、宮川さんが「大丈夫」と背中を押してくれなかったら、きっといつまでも書いたものをまとめることが出来なかったと思う。そして、本書のためにオリジナルの作品を一から製作してくれたフェミニスト手芸グループ山姥のかんなさんとマルリナさん。本書のメッセージを惜しみなくブックデザインとして表現してくれた百﨑ゆうさん。土壇場で力を貸してくれたくんちゃんといとぴょん。大好きな友人たちと一緒に本書を作れた幸運を、本当にありがたく思います。ありがとう。

2021年6月

堅田香緒里

参考文献

いちむらみさこ『Ｄｅａｒキクチさん、ブルーテント村とチョコレート』（キョートット出版、2006年）

堅田香緒里／白崎朝子／野村史子／屋嘉比ふみ子『ベーシックインカムとジェンダー　生きづらさからの解放に向けて』（現代書館、2011年）

菊地夏野『日本のポストフェミニズム　「女子力」とネオリベラリズム』（大月書店、2019年）

栗田隆子『ぼそぼそ声のフェミニズム』（作品社、2019年）

酒井隆史『完全版　自由論』（河出書房新社、2019年）

白石嘉治／大野英士編『増補　ネオリベ現代生活批判序説』（新評論、2008年）

松本麻里「埒外な彼女たち・埒外な取引」『VOL　01』（以文社、2006年）

松本麻里「彼女らが知っていること、知っていたこと」『VOL　02』（以文社、2007年）

キャサリン・パターソン『パンとバラ　ローザとジェイクの物語』（(岡本浜江訳、偕成社、2012年）

ジョヴァンナ・フランカ・ダラ・コスタ『愛の労働』（伊田久美子訳、インパクト出版会、1991年）

シルヴィア・フェデリーチ『**キャリバンと魔女**』（小田原琳／後藤あゆみ訳、以文社、２０１７年）

シンジア・アルッザ／ティティ・バタチャーリャ／ナンシー・フレイザー『**99%のためのフェミニズム宣言**』（恵愛由訳、人文書院、２０２０年）

デヴィッド・グレーバー『**ブルシット・ジョブ　クソどうでもいい仕事の理論**』（酒井隆史／芳賀達彦／森田和樹訳、岩波書店、２０２０年）

ニール・スミス『**ジェントリフィケーションと報復都市　新たなる都市のフロンティア**』（原口剛訳、ミネルヴァ書房、２０１４年）

マリアローザ・ダラ・コスタ『**家事労働に賃金を　フェミニズムの新たな展望**』（伊田久美子／伊藤公雄訳、インパクト出版会、１９９７年）

Bhattacharya, Tithi, edit. Social Reproduction Theory: Remapping Class, Recentering Oppression, Pluto Press, 2017.

Dalla Costa, Mariarosa and James, Selma, The Power of Women and the Subversion of the Community, Falling Wall Press, 1972.

Edmond, Wendy and Fleming, Suzie, All Work No Pay: Women, Housework, and he Wages Due, Power of Women Collective and FallingWall Press, 1975.

Federici, Silvia, Revolution at Point Zero: Housework, Preproduction, and Feminist

Struggle, PM Press, 2012.

James, Selma, Women, Unions and Work or··· What is not to be done and the Perspective of Winning, AK Press, 1972.

James, Selma, edit. Strangers and Siters: Women, Race & Immigration, Falling Wall Press, 1985.

James, Selma, Sex, Race, and Class: The Perspective of Winning: A Selection of Writings, 1952-2011, PM Press, 2012.

Potter, Shawna, Making Spaces Safer, AK Press, 2019.

Wages due Lesbians, Policing the Bedroom and How to Refuse it, Crossroads Books, 1991.

Weeks, Kathi, The Problem with Work: Feminism, Marxism, Antiwork Politics, and Postwork Imaginaries, Duke University Press, 2011.

初出一覧

「活」という名の妖怪（「仕事文脈 vol.10」タバブックス、2017年5月）
魔女は禁欲しない（「仕事文脈 vol.10」タバブックス、2017年5月）
パンデミックにおけるケアインカムの要求（「福音と世界」新教出版社、2020年12月号）
＊以上は大幅に改稿しました

紙の味（「yurufemi magazine vol.01」2016年4月）
現代の屑拾い（「yurufemi magazine vol.01」2016年4月）
無菌化された労働力商品たちの夜（「web仕事文脈」タバブックス、2020年4月）
「声」をきくことの無理（「支援 vol.10」生活書院、2020年5月）
クレンジングされる街で（「仕事文脈 vol.11」タバブックス、2017年11月）
猫のように体をこすりつけろ（「仕事文脈 vol.12」タバブックス、2018年5月）
抵抗する庭（「仕事文脈 vol.13」タバブックス、2018年11月）
「開発」と家父長制（「仕事文脈 vol.14」タバブックス、2019年5月）
差別の交差性（「仕事文脈 vol.15」タバブックス、2019年11月）
路上のホモソーシャル空間（「仕事文脈 vol.16」タバブックス、2020年5月）

夜を歩くために（「仕事文脈　ｖｏｌ・17」タバブックス、２０２０年11月）

堅田香緒里

かただ・かおり

静岡県生まれ。東京都立大学大学院社会科学研究科博士課程修了。博士（社会福祉学）。現在、法政大学社会学部教員。専門は社会福祉学、福祉社会学、社会政策。主な論文・著書に、エノ・シュミット／山森亮／堅田香緒里／山口純『お金のために働く必要がなくなったら、何をしますか？』（光文社新書、2018年）、「対貧困政策の新自由主義的再編：再生産領域における『自立支援』の諸相」（『経済社会とジェンダー』第2巻、2017年）、堅田香緒里／白崎朝子／野村史子／屋嘉比ふみ子『ベーシックインカムとジェンダー』（現代書館、2011年）など。

生きるためのフェミニズム
パンとバラと反資本主義

2021年7月30日　初版発行
2022年2月17日　第3刷発行

著　堅田香緒里
編集　丹野未雪
表紙作品　フェミニスト手芸グループ山姥　かんな・マルリナ
デザイン　百﨑ゆう

発行人　宮川真紀
発行　合同会社タバブックス
東京都世田谷区代田6-6-15-204　〒155-0033
tel：03-6796-2796　fax：03-6736-0689
mail：info@tababooks.com
URL：http://tababooks.com/

校正　株式会社鷗来堂
組版　有限会社トム・プライズ
印刷製本　シナノ書籍印刷株式会社

ISBN978-4-907053-49-9 C0095

タバブックスの本

「ほとんどない」ことにされている側から見た社会の話を。
著 小川たまか

性暴力被害、痴漢犯罪、ジェンダー格差、#metoo… 多くの人がフタをする問題を取材、声をあげ続けるライター・小川たまか初の著書。2016年から2018年に起きた性犯罪やそれにまつわる世論、ジェンダー炎上案件などを取り上げ、発信してきた記録。

978-4-907053-26-0　1600円+税

私たちにはことばが必要だ　フェミニストは黙らない
著 イ・ミンギョン　訳 すんみ・小山内園子

2016年のソウル・江南駅女性刺殺事件をきっかけに韓国社会で可視化された女性差別。女性がこれ以上我慢や苦痛を強いられることを防ぐための日常会話のマニュアル書。韓国のフェミニズムムーブメントを牽引するイ・ミンギョンの画期的なデビュー作。

978-4-907053-27-7　1700円+税

失われた賃金を求めて
著 イ・ミンギョン　訳 小山内園子・すんみ

『私たちにはことばが必要だ』で日本にも鮮烈な印象を与えたイ・ミンギョン、次は男女の賃金格差に斬り込んだ！男女賃金格差がOECD加盟国中「不動のワースト1位」の韓国の社会事情は「不動のワースト2位」の日本でも共感必至。賃金差別は存在する！

978-4-907053-47-5　1700円+税